爆款文案与成交策略

王志艳 —— 著

天津出版传媒集团
天津科学技术出版社

图书在版编目（CIP）数据

爆款文案与成交策略 / 王志艳著. -- 天津 : 天津科学技术出版社，2024. 11. -- ISBN 978-7-5742-2484-1

Ⅰ . F713.812

中国国家版本馆CIP数据核字第20245JF628号

爆款文案与成交策略
BAOKUAN WENAN YU CHENGJIAO CELUE
责任编辑：刘　磊

出　　版：	天津出版传媒集团 天津科学技术出版社
地　　址：	天津市西康路 35 号
邮　　编：	300051
电　　话：	(022)23107822
网　　址：	www.tjkjcbs.com.cn
发　　行：	新华书店经销
印　　刷：	天宇万达印刷有限公司

开本 670×950　1/16　印张 12　字数 160 000
2024 年 11 月第 1 版第 1 次印刷
定价：49.80 元

前 言

作为文案创作者，你是否有过以下经历：

明明是自己绞尽脑汁想好的文案标题，可点击率却少得可怜。

明明是同一条新闻，别人发的文章，点击率比自己多了十几倍。

明明自己很用心地写了一篇文案没人看，别人只说一句话就轰动全场。

明明文案写得很华丽，产品也很好，转化率却提不上去。

……

作为销售人员，你是否也有同样的烦恼：

明明自己很卖力地宣传，客户却不怎么感兴趣。

明明别人家产品不如自己的，就因为对方文案写得好，销量就比自己高。

明明自己的产品比竞争对手卖得便宜，客户却都去了竞争对手那边。

明明客户已经动心了，可就是迟迟不下单。

……

以上这些痛苦，相信很多文案创作者和销售人员都体验过，究其根源，一方面是因为你的文案创作能力不足，另一方面则是因为你的营销策略不恰当，没有摸中客户的成交"命门"。

一篇爆款文案，抵得上100个销售高手。文案，看起来只是简单的文字性工作，却可以创造出巨大的商业营销价值。尤其在网络营销占据绝对主体的今天，文案更是如同销售人员的口才一样重要。文案不够吸引人，读者马上就会关闭页面；文案吸引人，有了阅读量，却没有转化率，运营和广告的钱就等于白花了；文案有了阅读量，也实现了转化率，但转化率却很低，说明文案没能成为爆款，也就达不到预期效果。

那么，什么样的文案更容易成为爆款文案，吸引大量读者，并实现成交，达到超出预期的转化率呢？

一篇爆款文案至少应满足四个条件：能触动人、能让人信任、能塑造品牌好感、能卖货。简单来说，就是要激发客户的情绪、赢得客户信任、打造品牌好感、引导客户尽快成交。

本书分为上下两篇。

上篇为爆款文案篇，主要手把手教你写出具有创意感、代入感、画面感、故事性和感染力的文案，赢得客户信任，激发客户购买欲望。

下篇为成交策略篇，主要教你如何利用文案销售产品，成功变现。通过文案与客户互动，洞悉客户心理变化与行为模式，继而有针对性地采取相应的销售策略，按照刺激痛点、引入产品、激发欲望等销售流程，一步步与客户建立信任关系，打消客户疑虑，塑造品牌好感，最终成功实现转化，同时也让客户获得更好的购物体验。

本书实用性强，既是企业、广告公司文案策划、产品经理的宝典，又是直播电商、自媒体文案写手、网站站长的操作指南。通过阅读本书，读者不仅可以学到实用性的知识，还能掌握文案创作和销售活动的思维模式。

"长风破浪会有时，直挂云帆济沧海。"文案的创作和销售能力的提升都不是一蹴而就的事，需要长久的坚持。希望读者朋友能够坚持下去，终有一天，可以创作出真正"有料"的爆款文案，实现销售的超高转化率。

目 录

上篇：爆款文案篇——教你写出有灵魂的文案

第一章
创意感：优秀创意成就爆款文案

1. 好创意石破天惊，好文案一字千金　　002
2. 有创意的观点，是爆款文案的大旗　　005
3. 当大家整齐划一时，你要学会标新立异　　009
4. 追有价值的热点，是写出创意文案的前提　　011
5. 有创意的文案无需华丽的辞藻　　013
6. 爆款创意文案的尽头是多巴胺　　017

第二章
代入感：让读者忍不住跟你"走"

1. 好标题，2秒内抓住读者眼球　　020
2. 让文案标题更有吸引力的技巧　　023
3. 搭建文案的黄金结构布局　　026
4. 第一句话的目的，是让读者忍不住去读第二句　　029
5. 好的结尾是提高转化率的关键　　032
6. 不怕文案长，就怕招数少　　035

第三章
画面感："不要卖牛排，要卖滋滋声"

1. 构建画面感，避开"知识的诅咒"   040
2. 描述感受，做好感官占领   044
3. 多用动词和名词，打造有能量的画面   046
4. 巧用修辞，让文字开出花来   049
5. 关注细节，提升文案"颗粒度"   053
6. 跳出文字边界，"跨界"塑造画面感   055

第四章
故事力：有锐度的故事，赋予文案穿透力

1. 会讲故事的文案更有"杀伤力"   058
2. 好故事的五字魔法口诀   061
3. 贴近生活的故事，让读者身临其境   065
4. 好故事也要会借力   067
5. 有锐度的故事，让人印象深刻   070
6. 独特的情感表达，让读者"情"陷其中   074

第五章

感染力：从"文采"到"情采"，引发共情

1. 你的文案要比读者更懂他自己　　　　　　　　　　079

2. 运用对比手法，让情感表达更深刻　　　　　　　　082

3. 用金句"识破"读者内心小情绪　　　　　　　　　086

4. 满屏都是"回忆杀"，让人忍不住飙泪的文案　　　089

5. 用有哲理的文字引发读者共鸣　　　　　　　　　　092

6. 情怀，打造爆款文案的杀手锏　　　　　　　　　　096

下篇：成交策略篇——带你卖出超火爆的产品

第六章

痛点刺激：深挖客户信息，直击客户"最痛处"

1. 客户消费的两个出发点　　　　　　　　　　　　　102

2. 痛点存在于原始需求中　　　　　　　　　　　　　104

3. 我不够健康：挖掘客户的生理痛点　　　　　　　　108

4. 不被人喜欢怎么办：挖掘客户的心理痛点　　　　　109

5. 情感尽藏心底：挖掘客户的情感痛点　　　　　　　112

6. 你愿意被人忽视吗：挖掘客户的社交痛点　　　　　114

第七章

引入产品：给出解决方案，而不只是卖产品

1. 有时客户需要的不是产品，而是解决方案　　117
2. 以解决问题为出发点，给出有效方案　　120
3. 运用 FABE 法则向客户介绍产品　　123
4. 打破客户消费时的"低认知模式"　　126
5. 让产品与客户产生直接关联　　129
6. 用 USP 模型打造产品独特卖点　　132

第八章

激发欲望：创造需求缺口，点燃客户购买情绪

1. 根据产品定位，直击客户痛点　　135
2. 为产品构建一个使用场景　　137
3. 制造恐惧诉求，让客户感受到危机　　140
4. 设置悬念，激发客户对产品的好奇心　　143
5. 你不是在销售产品，是在销售生活理念　　145
6. 利用配套效应，激发客户购买欲望　　147

第九章

构建信任：凸显产品的价值感与高级感

1. 嫁接权威，换个角度展现产品优势　　150

2. 减少文字赘述，用真实人物和数据为产品"代言"　　152

3. 明星同款，你也可以拥有　　155

4. 小品牌讲初心，大品牌讲背书　　157

5. 将自己定位为分享者，而非销售者　　160

6. 主动提及售后，打消客户顾虑　　162

第十章

临门一脚：引导客户"秒拍秒付"

1. 降低决策成本，促使客户快速成交　　165

2. 激发补偿心理，让客户买得心安理得　　168

3. 偷换"心理账户"，让客户秒付款　　170

4. 设置价格锚点，使客户感觉捡了便宜　　173

5. 营造攀比效应，刺激客户好胜心　　176

6. 制造稀缺性，向客户传递"只有一次机会"的信息　　178

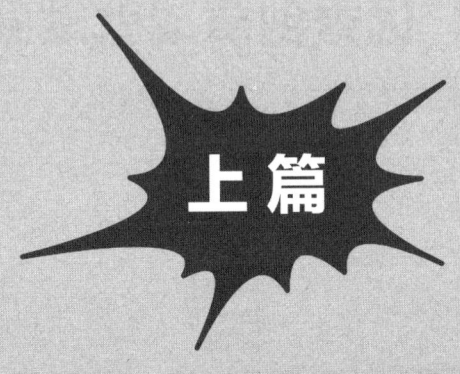

爆款文案篇

——教你写出有灵魂的文案

第一章
创意感：优秀创意成就爆款文案

好创意石破天惊，好文案一字千金

好文案的形式也许是海报画面、视频旁白，也可能是电影字幕、推文标题等。比如，霸王洗发水早年的广告文案是：

头发有问题，就像这棵树，用了霸王防脱，头发不再脱。

文案又配上生动形象的视频画面，就会让读者对脱发产生恐惧和担忧的情绪。同时，文案又给出解决方案——"用了霸王防脱，头发不再脱"，让读者豁然开朗。

再比如，农夫山泉的文案：

我们不生产水，我们只是大自然的搬运工。

瓶身包装上把长白山动植物作为主角，加上文案内容大力凸显

"大自然",为农夫山泉成功塑造了一种亲近自然、绿色环保的好形象,为品牌树立了不少的好感度。

通过上面的文案可以看出,凡是能勾起读者兴趣、为品牌或产品增加好感、促进销售的文案,就可以认为是好文案。而且,好文案不在字数多少、句子长短,有时即使几个字,也能成功打动读者,引发关注。可以说,好文案可以产生巨大的价值,既能让人印象深刻,还能传递清晰、有说服力的信息,激发读者的兴趣和情感,从而产生消费的欲望。

值得一提的是,好文案需要有好的创意。创意是文案的灵魂,可以让文案更富有吸引力、感染力和传播力。

通常来说,我们在创作文案时,想让文案更有创意,可以从多个角度和层面来考虑。

1 独特的切入点

要从一个新颖、独特的切入点来阐述问题或展示产品,让读者感受到不同的体验和思考。

所以,在创作文案之前,我们首先要深入思考并找到一个独特的切入点,这也意味着我们要对即将展现的话题或产品进行深度挖掘,发现其他人尚未涉及的角度或独特的观点。

比如,可口可乐的一个经典广告文案,"享受快乐,与世界分享",切入点独特,简洁明了地传达了快乐与分享的核心理念。这句文案不仅仅是在推销产品,更是在传递一种积极的生活态度。广告一出,立刻引起了广泛共鸣。

独特的切入点往往与众不同且十分新颖,因此也能快速引起读者的兴趣，吸引读者读下去。

2 独特的表达方式

我们常说："好看的皮囊千篇一律，有趣的灵魂万里挑一。"大家都喜欢与有趣的人聊天，喜欢读一些语言个性化并有一定风格的文章。这就说明，独特的语言风格和表达方式可以吸引人们的关注。

文案创作也是如此。善于运用个性化的语言可以增加文案的辨识度，并展现自己产品或品牌的个性。比如，如果你看到一家店铺门口挂着"本店距离百年老店还有99年"的广告，第一反应肯定不是排斥它，或者认为这是家新店，而是认为这家店的广告很有趣，由此也会产生想进去看看的冲动。

再比如，一个酒水品牌的广告文案写道："贵得让人放心。"比起竞争者，价格是个不利因素，但这句文案则告诉消费者，更高的价格代表了更高的品质，因而也更容易赢得认可。

3 独特的视角

在文案中，独特的视角可以给受众留下深刻的印象。为了突出文案的独特性，在选择文案视角时，可以从非主流的立场和观点出发，给人以耳目一新的感觉，或者通过对比和对立进行表达。比如，要写一篇关于名校教育与普通学校教育的文案时，可以以"名校不一定是孩子发展的最佳途径"为主题，以此突出普通学校教育的价值和意义，这种视角就会令文案显得比较独特。

很多企业在投放信息流广告时，经常会陷入一个逻辑误区，就是喜欢从自我视角出发，绞尽脑汁地创作一条"完美"的文案，结果发现点击率和转化率都不理想。

比如，下面是两则针对家装设计的文案广告，一则写道：

橱柜任由你定制，邀您免费量房设计安装啦！

另一则文案写道：

我的厨房还能空出这么多空间，这效果美哭啦！

两则文案一对比，我们明显感觉到两则文案的视角不同。第一则是站在企业投放时最直接的"客户视角"思路，第二则是用户在阅读时的"用户视角"思路。因为思路不同，第二则文案的点击率也明显高于第一则。

可见，在文案创作过程中，拥有独特的创意和视角都至关重要。通过深入的思考和创意运用，我们也可以在文案中表达出与众不同的观点和见解，吸引读者的注意力，并赢得他们的关注与支持，从而有效提升自己文案的点击率、转发率和转化率。

有创意的观点，是爆款文案的大旗

通常来说，一篇有创意的文案往往不按常理出牌。尤其在当下这个各种广告信息"乱入"的年代，满眼都是林林总总、各式各样的广告文案。在这种情况下，想让自己的文案真正深入人心，让读者与之产生强烈共鸣，就是要有创意，不走寻常路。这种颠覆传统的模式往往会将人们司空见惯的传统思想和观点打破，在文案创意策划过程中，也更容易打开另一片天地，给读者带来意想不到的阅读体验。

1 颠覆传统观点

传统的文案大多围绕产品或品牌本身来撰写，重点突出产品的优点、品牌的文化等，文案从头到尾都在不厌其烦地介绍某种产品如何好、品牌如何强大等。这样的文案固然简单直接，但却容易让读者"审美疲劳"，难以真正对文案中宣传的产品或品牌产生兴趣。

比如，一些销售柑橘的商家所推出的销售文案中，大多都使用"甜蜜多汁""甘甜怡人""触动你的味蕾"等文字，这就陷入了文案创作的老路子，读者看了也不会有太大的反应。而有一家销售商的文案推出了以"这里的柑橘，甜过初恋"为主题观点的文案，将柑橘的甜美拟人化，与读者的初恋联系起来，这为读者带去的不仅是味蕾上的触动，还有情感上的触动。显然，后一种文案更能引起人们的关注。

2 尝试"将错就错"

什么是"将错就错"？

简而言之，就是事情已经做错了，干脆顺着错误继续做下去。这听起来好像有些不可思议，但在文案创作中往往能收到意想不到的效果。在人人都渴望追求和证明自己正确的年代，公开犯错就会显得尤其引人注目，由此也更容易被人们关注和传播。

这种也属于不按常理出牌的写作手法，却更容易点亮创意的火花，使文案成为爆款。

比如，有一款咽喉片的文案广告《看过来，咽喉癌科普小课堂开课了》，里面写道：

通常来说，咽喉癌早期症状并不是特别明显，和咽喉炎有许多相似之处，多会出现咽喉部异物感、咽喉肿痛，以及声音嘶哑等症状。因此，很多朋友都认为这些不舒服的症状不过是咽喉炎在作祟罢了，于是只吃一些下火药或消炎药应付了事。

文中故意表述一些错误的观点，读者在反思自己的同时，也会将注意力集中到文案里，这也就达到了抓住读者眼球的目的。

有时候，文案中一些精心设计的错误观点反而会带来超出预期的关注，甚至越是明显的错误就越容易吸引人，产生的推广效果也越好。有些明显的错误甚至会激发读者主动挑错和改正的欲望，这也会增加读者对文案和产品的关注度。

但要注意的是，"将错就错"并不是一直向读者传递错误的观点，而是在适当的时机启发他们，让他们主动寻找正确的答案，或者是在文末给出正确的观点。

3 正话反说，引出独特观点

在文案创作中，即使你想褒扬某款产品或某个品牌，也最好不要直接正面褒扬，而是使用一种与本意相反的观点来表达此意，这不仅能让文案内容更加生动，还会让人印象深刻。

比如，苹果公司一直以来以"Think Different"作为品牌的核心理念，随着产品与技术的新旧交替，苹果也逐渐转变思路，在产品外观设计、性能上都有了很大的改进。这时,苹果公司推出了一支60秒的广告,画面中出现了爱因斯坦、毕加索、甘地、邓肯等伟大人物的片段,文案里有一段是这样写的:

这里有一些特立独行的人,他们与社会不同调,在方圆规矩中不协调,对事情有不同的看法,他们是规则的破坏者。你可以引述他们的观点,或是不同意他们的见解;以他们为荣,或是鄙视他们。唯一无法忽视的事,就是忽略他们,因为他们改变了世界,使得人类进步。当时有人视他们为疯子,现在被视为天才,因为不同凡响,才能改变世界,就像你选择了苹果计算机。

这里说的"他们与社会不同调""他们是规则的破坏者",其实都是正话反说,但这种方式却让读者对文案更加关注,想知道文案最后到底会如何评价他们。而文案最终给出的观点是"他们改变了世界,使得人类进步",由此引入苹果计算机,意为苹果计算机也是一种"特立独行"的、能够改变世界的产品。如此一来,文案真正要表达的观点就会显得非常深刻,也能达到理想的传播效果和营销效果。

俗话说,"不以规矩,不成方圆",但对于文案创作来说,过于遵守既定的规则,反而会让文案显得死板,难以引起读者的阅读兴趣,也难以成为爆款。因此必要时,我们要学会提出有创意的观点,不走寻常路,让创意燃烧起来,让文案爆起来。

当大家整齐划一时,你要学会标新立异

20世纪60年代,人们普遍认为,汽车是一种身份、财富以及地位的象征,所以底特律的汽车制造商们大多喜欢那种更大、更长、更豪华美观的汽车设计,认为空间大、马力大的汽车才是好汽车。而此时,大众甲壳虫汽车应运而生,并且在打入市场时,选择了以美国工薪阶层为自己的销售目标,满足了普通工薪阶层对车的需求。

甲壳虫的文案广告是由DDB广告公司创始人威廉·伯恩巴克(William Bernbach)创作的,这个广告文案的主张是"Think Small",意思是"想想小的好处"。文案写道:

我们的小车没有标新立异。

许多学院派对它不屑;加油站的小伙子也不会问它的油箱在哪里;没有人注意它,甚至没人看它一眼。

但是,驾驶过它的人不这样认为。

因为它耗油低,不需防冻剂,能够用一套轮胎跑6万公里。

这就是为什么你一旦用上我们的产品,就会对它爱不释手。

当你挤进一个狭小的停车场时,当你缴纳更低的保险金时,当你支付那一小笔修理账单时,或者当你用旧大众换得一辆新大众时。

请想想小的好处。

这篇文案改变了当时人们对汽车的普遍认知,让人们开始转变态度,理性地对待个人空间与公共空间的关系。因此,这条广告一出现，很快便改变了美国汽车市场的风向，很多家庭也第一次意识到小车的优势。甲壳虫迅速扭转销售现状，此后一直稳定在美国汽车市场的前端，直至日本汽车进入美国市场。

当大家都整齐划一时，你的文案就要另辟蹊径，学会运用标新立异的前后情节或前后观点的对比。它可以制造冲突，让内容更加好看，也让情感表达更加强烈。

比如，别克君越的文案就写道：

在别人喧嚣的时候安静，在众人安静的时候发声。

这种与众不同，就是一种另类的攀比，希望产生更强烈的优越感，满足自己的虚荣心。对于文案创作来说，如果能掌握读者的这一心理，就能吸引到那些不愿意随大流的人们的关注。

《我害怕阅读的人》就是典型的反其道而行之。我们节选其中的一部分：

不知何时开始，我害怕阅读的人。就像我们不知道冬天从哪天开始，只会感觉夜的黑越来越漫长。

我害怕阅读的人。一跟他们谈话，我就像一个透明的人，苍白的脑袋无法隐藏。

我所拥有的内涵是什么？不就是人人能脱口而出，游荡在空气中最通俗的认知吗？像心脏在身体的左边，春天之后是夏天。

阅读的人在知识里遨游，能从食谱论及管理学，八卦周刊讲到社会趋势，甚至空中跃下的猫，都能让他们对建筑防震理论侃侃而谈。

相较之下,我只是一台在 MP3 时代的录音机:过气、无法调整。我最引以为傲的论述,恐怕只是他多年前书架上某本书里的某段文字,而且,还是不被荧光笔画线标记的那一段。

如果你能读完这篇文案,就会发现,自己很容易被里面所述的阅读之人的角色设定所吸引,甚至恨不得自己立刻就成为这样的人。而这篇文案也成功激起了人们重拾书本、重新阅读的强烈欲望。

所以,我们与其说让读者"从众",倒不如想想如何"分众",让读者拒绝成为某个群体的一分子,而是倾向于另一个他认为适合的、令人憧憬的群体。文案要做的,就是暗示读者:你跟别人不一样。能做到这一点,你的文案也一定会充满创意。

 追有价值的热点,是写出创意文案的前提

捕捉时效性强且具有深度的热点,是创作出引人入胜文案的核心要素。在繁杂的信息流中,只有那些能够触动人心、引发共鸣的热点,才能为文案注入灵魂。作为文案撰写者,我们的任务是在众多热点中筛选出那些对目标受众具有吸引力、能够体现品牌价值的焦点。通过对这些热点的巧妙融合和创新表达,我们能够打造出既符合市场需求又充满创意的文案,从而有效提升品牌形象,推动产品营销。因此,精准把握有价值的热点,对于文案创作的重要性不言而喻。

那么,什么样的热点才算是有价值的热点呢?这需要我们认真判断。

1 判断热点事件的属性

当一件事上了热搜，成为热门事件后，你可以先从该事件的话题性和传播性来进行判断，看看它是否值得你利用它来创作文案。

其中，话题性就是看读者是否愿意参与到该话题当中，或者这个事件与大众的关联度高不高，以及大众会不会期待事件的后续。如果你发现读者对这件事的态度呈"一边倒"，那么这件事通常不会火太久，因为大家觉得发生这样的事是理所当然的，没什么可争论的地方。

而决定一件事传播性的因素，主要看它有没有趣、是不是简单，以及值不值得分享。比如，"世界那么大，我想去看看"的"辞职信"事件，就是一件很有趣的事，很多网友当时都纷纷分享。

2 判断热点事件的时效性

热点的时效性也就是指这个热点能够持续多久。比如，2023年春节期间西安大唐不夜城的"盛唐密盒"就曾火爆出圈，一度成为热点，连续一个月热度不减。再比如，每一次苹果公司发布新手机的事件也会持续几个月。

通常来说，持续时间较长的事件都具有时效性弱、有持续发酵的可能、话题性较强等特点。我们要做的，就是对一件热门事件的持续时间有比较正确、客观的判断，以免刚刚写好文案，热点已经成为"冷点"了。

3 判断热点事件的影响力

热点事件的影响力通常体现在话题热度与行业相关度两方面。

话题热度一般指这件事能在多大程度上占据热搜地位，比如微博上热搜、微信 10 万以上转发等。通过这些数据判断，我们就能知道这件事最终可以达到多高的热度。

行业相关度是指这件事在相关行业内的影响。要知道，每件事都有它特定的受众，可能在我们看来是一个热点事件，别人却未必感兴趣。所以，在追热点事件时，一定要明确地知道自己的读者群体是谁，并判断这个热点的读者受众与自己的品牌受众重叠度是否足够高。如果你的产品或服务是针对一些特定行业的，那么在追热点时，还要确保这个热点是行业内人群所关注的。

比如，网友可能会因为某个明星代言产品卖出高价而疯狂，而我们的父母可能觉得萝卜的价格比明星代言产品更有吸引力。

所以说，在创作有创意的文案时，一定要确保自己正在追的这个热点话题是自己所在行业当中的人们所关注，并且也乐于讨论的。

有创意的文案无需华丽的辞藻

在营销世界里，文案是品牌与消费者之间的桥梁。有些时候，我们为了追求震撼人心的效果，会不惜一切代价去堆砌华丽的辞藻，认为这样的文案才是有创意、有高级感的。殊不知，这种方法忽略了文案最本质的目的：传递信息，打动人心。

华丽的辞藻、精美的修辞，固然可以吸引人的眼球，但过度的修饰反而会使文案失去真实性和可信性。恰恰相反，在浩如烟海的文案中，那些简单、直接、富有创意的文案更容易被记住，也更容易触动人们的心灵。

比如，耐克曾有一则广告，采用的是刘翔跨栏的画面。在刘翔起跑时，画面上出现了很多带有问号的"定律"："亚洲人肌肉爆发力不够？""亚洲人成不了世界短跑飞人？"直到刘翔第一个到达终点，画面打出耐克的 Logo，以及下面的文案：

定律，是用来打破的，你能比你快。

耐克的市场定位是青少年的运动品牌，这句文案正是通过刘翔的夺冠经历，强调了耐克的品牌核心"Just do it"，其主题就是鼓励人们在生活中拼搏向上，重点突出了年轻人的自我意识与拼搏精神。

可见，贴近生活、语言简洁质朴的文案，同样充满创意。它不需要多华丽的辞藻和优美的词句，也不需要"语不惊人死不休"的感觉，就能将产品和品牌特点传递到读者心里。

想要写出有创意感的文案，我们就要勇敢打破平庸的茧，在质朴的语言中成就爆款文案。

1 直接提出产品或品牌诉求

想让文案简洁而有震撼力，就不要在文案中使用大量华丽、繁琐的语言，而是直奔主题，简单直接地提出产品或品牌的诉求。

比如，下面是华为在推出 Mate 8 时的一则文案：

我们想和这个时代谈一谈：
"坚持是这个时代的奢侈品，还是必需品？"
"浅思考的时候是制造热点重要，还是坚持真实重要？"

"全民都在奔跑的时代,我们何处安放心灵?"

"用 28 年来造好国货,还是去国外扫货?"

这四个问题虽然都很简单,却极具现实意义,也因此更有触动人心的力量,引发不少人的共鸣,成为当时朋友圈最热的讨论话题之一。

2 适当制造一些反差

反差所带来的惊奇感与新鲜感,可以让文案变得出其不意而又妙趣横生,甚至可以让人感觉耐人寻味。

在 2018 年春节期间,西安就曾联手网易新闻共同推出了一组新春海报,海报上是汉青釉陶狗、隋青石菩萨像、唐仕女俑、唐三彩胡人腾空马等古代文物的照片,而与之相配的文案却是这样写的:

喂,单身汪们,本命年我们稳住,能赢!(汉青釉陶狗)

分享一个亲戚社交生存的秘籍:保持"围"笑,您说得对,都可以。(隋青石菩萨像)

莫问假期有何沉淀,执手相望圆脸。(唐仕女俑)

交通工具上,总喜欢念点诗,比如:但使龙城飞将在,不教胡马去上班。(唐三彩胡人腾空马)

这些文案乍一看好像很离谱,但仔细体会,又发现都在"意料之外,情理之中"。这种反差不但会让人感觉非常新颖,还会过目难忘,心生好感。

3 文案要接地气

为什么有些文案让读者不知不觉就从头读到尾，而有的文案读者一点开就想退出？

一个关键因素就在于：这篇文案是不是足够接地气。

很多时候，一篇文案看似高大上，里面满满的好词好句，但读者看完后却完全没感觉，甚至发出"这跟我有什么关系"的疑问。这就是因为文案不够接地气，让读者感觉不能与自己关联起来。既然没有关联，又怎么会关注里面的产品呢？

文案有没有创意，能不能成为爆款，与文字是不是华丽没有直接关系，有时一些新奇、有趣且接地气的文案内容往往更符合当代年轻人的喜好。

比如，宜家有一篇文案，题目是《花什么都不如花点时间陪孩子》，里面写道：

"孩子三年级啦，别再走错班级了。"

"他不玩积木了，现在喜欢下飞行棋。"

"已经穿S码的衣服了，你买得太小了。"

……

成长转瞬就溜走，

有空多陪陪他吧！

一起长大，陪伴无价。

文案以对话的形式，阐述了父母对孩子陪伴的缺失，与现在生活结合得非常紧密。看完这样的文案，相信缺乏对孩子陪伴的父母会被深深触动。

由此可见，优秀的文案并不需要出神入化地使用文字技巧进行堆砌，而是善于选择读者喜欢的展现方式，将要传达的内容和观点更加直接地传递出去，就能让文案发挥出最大价值。

爆款创意文案的尽头是多巴胺

什么是多巴胺？

它是我们大脑分泌的一种神经传导物质，具有调控中枢神经系统的各项功能，与我们的快乐、满足感、动力和欲望等紧密相关。当我们体验快乐、兴奋或期待时，大脑就会释放这种物质。

在营销和广告领域，多巴胺常常被用作激发消费者购买欲望的工具。而一篇成功的爆款文案，往往也可以巧妙地刺激读者的大脑分泌多巴胺，引发他们对产品或品牌的共鸣，促使他们做出购买行动。

比如，在2021年东京奥运会前夕，自然堂就联合众多女性运动员，拍摄了"自然而燃"的主题短片和宣传海报，其中"勇敢，是另一种少女感"等文案，充分表达了品牌对美的多样性支持。对于那些深有同感的女性来说，这样的文案很容易刺激她们的大脑，并使其大脑释放出多巴胺等神经递质，减少她们的不信任因素，引发愉悦感，增强对品牌的认可和信任。

那么，在具体创作文案时，如何才能刺激读者产生多巴胺，促使其对文案进行点赞、评论和转发，将文案推上爆款的宝座呢？

1 善于用文字引导读者想象

在创作文案时,你要明白一点,文案的第一要素是引发读者的共鸣,第二是要有"冲突",满足读者"精神世界"的美好想象。要做到这两点,就要善于用文字描绘出读者心目中所向往的生活场景,引导读者想象拥有这种生活的情境,并在脑海中"享受"拥有这种生活的美好。

这时,读者就会关注到你在文案中推荐的产品或服务,继而对其产生兴趣,甚至想要买来体验一番。

2 幽默有趣的文案容易流传

如果你仔细观察一下,就会发现,那些在网络平台上广泛流传的文案几乎都非常幽默有趣,有时候甚至还很"扎心"。如果产品本身又具有某种情趣,就更容易用有趣的语言表现出产品的本质特点了。

3 制造段子式的"神转折"

很多段子手都深谙此道,所以就有了冷笑话的效果,让人印象深刻。如果对比一下,你就会知道这种"神转折"的文案效果更容易让人感到有趣,看完后也会很愉快。

比如,下面是两则模拟炒股APP产品的文案。

第一则文案:

A股创7年新高,牛人免费提供股市猛料(附带链接)。

第二则文案：

媳妇打算去炒股，我担心她把房子都赔进去，给她下了一个虚拟炒股的软件。由于百分百真实模拟，她一直没发现是假的。昨晚她眼眶红红地告诉我，有100万元被套住了。这两天她干活特勤快，也不逛淘宝了，我要告诉她真相吗？

不说了，她端着洗脚水过来了，那个软件在这儿——（附带链接）。

两个文案的传播效果大相径庭，第一则文案只有不到一百次的转发，第二则文案的转发量达五千多次，读者转化率也很高。

能让读者读完后产生多巴胺的文案，一定是一些或感性、或有趣的文案，这样的文案不仅不会让人感觉讨厌，还会给读者带来很多惊喜，引起话题发酵，最终增强信息的传播效力。

第二章
代入感：让读者忍不住跟你"走"

1 好标题，2秒内抓住读者眼球

标题是文案的第一个组成部分。很多时候，读者会不会看你的文案内容，往往与你的文案标题有很大关系。一个好标题，可以快速吸引读者的注意力，让读者忍不住继续点击查看下面的内容。尤其是在信息泛滥的今天，那些普通的、不够出彩的标题很难进入读者的视线。所以，想写出爆款文案，首先就要设置一个能快速抓住读者眼球的好标题。

不过，好标题并不是夸张的、只为吸引眼球却与内容不符，恰恰相反，对于一篇优秀的文案来说，标题一定要与正文内容相符合。这就要求我们在标题撰写上掌握一定的技巧和原则，抓住爆款文案的标题特点。

1 激发读者好奇心

俗话说，"好奇害死猫"，读者也是一样，一般都很难抵御好奇心的影响。而一些具有私密性或悬念性的标题，便很容易引发读者的好奇心，从而引导读者从众多信息中挑出你的内容进行阅读。

比如，《独家揭秘：双11天文数字背后的故事》《女生的秘密，知道两点算我输》《打败爱情的从来不是时间，而是……》，这类标题都属于具有私密性或悬念性的标题。当读者从浩如烟海的信息中看到这样的标题，心里就会想："双11背后到底有什么故事？""女生有什么样的秘密？我要点开看看""打败爱情的究竟会是什么呢？"至此，你的目的基本达到了。

2 标题具有权威感

如今，不管是在哪个领域、哪个行业，都有一些说话很有权威性的人物，这些人说出来的话可信度也更高。如果你的标题中带有这些人物，比如，《马斯克的创业旅程，不甘平庸才能成功》《听马化腾亲口说，什么是互联网金融》等，往往也可以增加标题的权威性，不仅能获得读者的点击和关注，还能增加文案的信誉度。

而且，现在人们在搜索信息时，经常会直接用一些权威人物的名字作为关键词。基于这种情况，当你用这些行业内名人的名字作为标题时，也能大大提高自己的文案被读者搜到的可能。

3 经典对比找落差

这类标题主打的就是直戳人心，通过不同情况的强烈对比、事件反差，引发读者关注。比如，《月入三千万与月入三千的文案区别到底在哪里？》《大家都是胖子，凭什么你一周能减10斤？》。这类标题一般要找到两个参照物，并且缺一不可，通过两个参照物的强烈对比来制造落差，使读者产生情绪上的波动，从而进行点击与阅读。

4 适当利用热点内容

热点内容包括热点事件和热点词汇。在利用热点事件时，需要归纳出事件的核心内容，并将其用简洁精练的语句表达出来。毕竟标题不是正文，不能长篇大论地展开。当读者知道文案在阐述这个内容时，就会毫不犹豫地点击进来。

比如，借助某些名人或明星的八卦事件，就可以打造对应的热点标题，如《××离婚事出有因，谁该对法律负责？》《××××分道扬镳，财产如何分配？》等。

热点词汇的使用方法比较简单，只需要将近期热度较高的词汇直接作为标题即可，如"云养娃""吃瓜群众""土味情话"等。

5 善用"最"体写标题

标题中带有"最"字的爆款文案太多了，因为大多数人都对"第一"感兴趣，都想去一窥那个"最"字到底会是什么。比如，《这三类孩子，未来最有出息》《这，才是女人最终的追求》《感情为什么会变淡？这是我听过最扎心的答案》等。

所有人都在追求美好的事物，当他们看到"最有出息""最终的追求""最扎心的答案"等字眼，也会想要一窥究竟，因而也更容易点进去寻找答案。

当然，想要真正吸引用户、留住用户，你的文案内容也要与标题相匹配才行，否则，标题过于夸张，或与内容相关性较弱，就会有"标题党"的嫌疑。而"标题党"是很令人痛恨的,它往往吊起了读者的胃口,却最终让读者失望,很难培养与建立起与读者的信任关系。

 让文案标题更有吸引力的技巧

在撰写文案时,"精准"是文案标题的基础,但它却不是全部。不论任何时候,你都不能指望写个"美白祛斑,便宜好用"的标题就能将用户吸引过来。想写出爆款文案,还需要用点技巧,在确保标题"精准"的基础上,再将其"装扮"一下,这样才更容易吸引读者。

比如,这样一个文案标题《参加了很多培训却没有收获》,看起来就是一个比较"精准"的标题,但读起来却很平淡、很常规化,难以吸引人。如果将其修改一下,改成《为什么你参加了那么多培训,却仍然一无所获?》,这样问句式的标题就能马上使读者的大脑习惯性地产生思考,同时也想一探究竟,因此也更容易继续读下去。

可见,想让标题更具吸引力,我们就需要掌握一些技巧。下面几点技巧灵活地运用到文案标题当中,往往可以激发读者强烈的阅读兴趣。

1 在标题中使用数字

在自媒体行业里流传着这样一句话:"文案要想爆,标题数字不能少。"可见在标题中运用数字的效果。这是因为,人们对数字具有天生的敏感度,在一堆汉字加入几个数字,马上就会引起读者注意;另一方面,数字的概括性也更强,可以给人一种"多快好省"

的感觉，因而表达起来也更有说服力和震撼感。

比如下面的标题：

《499元云南6天游，食住行全安排，2年有效！一起去有云的南方吧！》

《8大方法+4个逻辑，教你轻松运营短视频》

《高效工作的5个秘籍，如果不知道，那么你活该加班！》

需要注意的是，标题中的数字一定要用阿拉伯数字，但数字不能随意堆砌，而是要妙用、精用，并且一个标题中的数字不要超过3个，数字还要与卖点息息相关。

2 多用强力词

不知道你发现没有，有一些词汇是有能量的。当我们在文案标题中使用这类词汇，不但能使标题更吸引人，还能为读者带来相应的情绪与感受变化。

比如下面的标题：

《成本不到5元的料理包，正在毁掉我们的胃》

《以身试法，推荐一款可以吃的香皂》

《比牛市更牛的东西，元芳，你怎么看？》

请注意里面的词语：毁掉、以身试法、更牛……这些词往往比它们的一些同义词更夸张、程度更强，也更有力量感。读者读到后，情绪不自觉地就会跟着起伏变化。这些词汇就是强力词。

可以用在标题中的强力词还有很多，比如：严重、愤怒、解密、超级、零投入、如此轻松、得不偿失、非同凡响……用好这些强力词，你的文案标题就能更有力量感、更引人注意。

3 多用动词

文案标题中也可以多用动词，因为当我们看到一个动词时，往往会不自觉地脑补动词所描述的具体动作，从而在脑海中产生画面感。

比如下面的标题：

《湖北宜昌：乡村老农独守土墙瓦房，腊肉挂墙上4年，舍不得吃！》

《冬天嘴巴爱起皮？别舔！用它一抹，死皮干纹统统不见！》

《从发现到灭绝只用了27年，这种海中巨兽到底经历了什么？》

看看这些标题中的动词："独守""挂""吃""舔""抹""发现""灭绝"……正因为这些动词的存在，才让标题显得生动而有画面感。而且，动词还会让人有想跟着它一起"动起来"的冲动。比如，看到"舔"这个动词时，我们可能会不自觉地舔一下自己的嘴唇，这就是动词的心理暗示作用。

阿·托尔斯泰曾说："在艺术语言中最重要的是动词，这是很明白的。因为全部生活都是运动。要是你找到了准确的动作，那你就可以安心地继续写你的句子。"

学会适当在标题中用一些精准而生动的动词，往往可以有效与读者产生共鸣，唤起读者想要解决需求的想法。

 搭建文案的黄金结构布局

我们在看一篇文章或听一场演讲时，如果发现文章或演讲内容缺乏逻辑、结构混乱，就会失去继续读下去或听下去的耐心。

文案也是如此。如果你创作的文案层次不分明、逻辑结构混乱，没有清晰的框架，那么读者即使因为你的标题新颖而点开了文案，也很难认真读下去。

事实上，很多爆款文案在创作时并不需要特别耗时，因为好文案的结构都是有套路可遵循的。只要我们在下笔之前先搭建好文案的结构框架，再根据框架特点丰富内容，写作时就能够事半功倍。

麦肯锡公司曾提出一种逻辑思维方法，叫作"SCQA结构模型"，它所提供的一个结构化表达的工具，在广告营销领域使用十分广泛。

SCQA结构包括四个部分，分别为情境或场景（Situation）、冲突或矛盾（Complication）、问题或疑惑（Question）、答案或解答（Answer），其优势在于，它会一直引导你站在受众的角度来思考问题，而不是自说自话、闭门造车，自己想写什么就写什么。在文案写作中，利用这一结构来搭建布局，往往可以很好地提升读者的兴趣和接受意愿。

在许多的经典文案中，都可以看出清晰的SCQA结构。在不同类型的文案中，还会分别侧重该结构模型中的某一个部分。比如，一位印度文案大师撰写的一组主题为"如果没有人陪伴，连茶的味道都会不一样"的文案中，这样写道：

倘若你想醒来时，躺在另一个人的怀里，而不是空荡荡的床上，怎么办？

倘若你在等待门铃响起，却没有一个人来，怎么办？

倘若你穿上一件新的纱丽，但只有你的镜子注意到了，怎么办？

倘若你做了一道刚学来的菜，但餐桌旁总是只有你一个人，怎么办？

倘若日子就这样无情地流逝，而世界还在飞速运转，怎么办？

倘若你有一生的故事要讲，却没有人来听，怎么办？

倘若这一切突然之间发生在你身上，怎么办？

你只要花一点儿时间陪伴老人就够了。

在这篇文案里，作者就将情境、冲突和问题都融入其中，同时又给出了答案，从而达到了引起大众共鸣、共同关注老人的目的。

那么，怎样利用SCQA结构模型来搭建结构，撰写文案呢？

我们可以从四个部分分别入手：

1 情境或场景（Situation）

这个不难理解，就是先描述一个大家都熟悉的场景，或者是大家都可能遇到过的情境，将读者带入到场景之中。这样的文案不但自然而不生硬，还很容易让读者接受。

比如，在上面的文案中，就描述了很多个场景或情境，如"醒来时躺在一个人的怀里，而不是床上""等待门铃响起""穿上一件新的纱丽，在镜子中看到自己"……读者每读到一句，就会不由自主地将自己带入到文案的情景之中，产生一种身临其境的感受。

2 冲突或矛盾（Complication）

经常看电影的人一定知道，想要塑造一个英雄人物，就必须要有反派，用反派来衬托英雄人物的光辉形象，这就是设置冲突或矛盾的效果。只有在场景或情境中有冲突或矛盾，才能让故事更加深入人心，也才能顺理成章地引出后面的内容。

比如，在上面的文案中，"你做了一道刚学来的菜，但餐桌旁总是只有你一个人"，这就是一种冲突；"日子就这样无情地流逝，而世界还在飞速运转"，这也是冲突。有了这些冲突怎么办？读者就会继续向下读，并陷入思考。

3 问题或疑惑（Question）

通过场景的带入与冲突的凸显，接下来你就要将读者的痛点直观地放大，甚至打破读者的心理平衡，使之开始产生疑问：到底该怎么办？

4 答案或解答（Answer）

到最后这一步，一般就是营销结合点了，前面的所有文字几乎都是为了在这一步营销产品，使之恰当地出场，然后用产品卖点直接给出用户解决方案。如果读者能够信以为真，并采取了相应的行动，那么你的文案就算成功了。

这种文案结构布局在营销文案中十分常见，其优势就是让用户感到亲切，似乎文案中的问题都是与自己息息相关的，因而也容易放下戒备心理，被产品或服务所带来的利益所吸引。

 第一句话的目的，是让读者忍不住去读第二句

不管是什么类型的文案，想要第一时间吸引读者，就必须把文案的第一句话写好。哪怕你的文案是以画面为主，画面设计同样始于文案说明。

如果说文案的标题起到画龙点睛的作用，那么文案开头的第一句话就起着开宗明义的作用，文案的开场白必须能将读者一击而中。如果读者不读第一句话，他们就很难去读第二句话、第三句话。而如果读者打开一篇文案，开头三句话都无法吸引他们继续读下去，那么他们大概率是不会继续往下看了。

因此，我们必须想办法在文案的一开头就吸引住读者的目光，促使读者不由自主地去读第二句话。所谓"转轴拨弦三两声，未成曲调先有情"，说的就是这个意思。想成就一篇爆款文案，至少在开头部分就能留住受众，下面的内容才有可能被关注到。

一般来说，想要打造爆款文案，可以借鉴下面三种效果非常明显的开头方式。

1 情景对话式开头

这种开头方式就是将与文案情节相关的人物对话提前放在文案的开头，使读者快速被带入到文案的情节或故事当中。

比如，《我能想到最性感的画面，就是你跪键盘的样子》，开头是这样写的："四川好可怕。"

短短的五个字，便可以引发读者一连串的思考："四川有什么可怕呢？""作者在四川遭遇了什么？"如果你是个四川人，还可能忍不住破口大骂："凭什么说我们四川可怕？"

你看，这就是情景对话式开头的魅力。它是先通过把文案中亮眼的、有爆点的信息以情景对话的形式写在开头处，故意制造悬念，引发读者好奇心，让读者情不自禁地跟着作者的思路往下走。而一旦读者开始思考，恭喜你，你用开头吸引读者的目的就达到了，你的"热启动"也完成了。

2 提问式开头

提问式开头就是通过向读者提问题的方式，激发读者的思考和好奇心，吸引读者继续向下阅读，找到问题的答案。一般来说，你提出的问题应该是读者真正关心的，或者是一些社会热点、个人经验等，要具有强烈的引导性和互动性。

比如，在一篇标题为《凌晨三点的陌生人：谢谢你，骗了我》的爆款文案开头，就提出了这样一个问题："你有多久没有跟陌生人说话了？"

一个经典的问句"你有多久……"让读者1秒钟就能注意到，然后不自觉地开始思考："我有多久没有跟陌生人说话了？"接下来，读者也会急切地想要了解文案要说什么。

需要注意的是，并不是所有的问句都适合放在文案的开头处。在运用这种方法时，首先要让你的提问能够真正制造悬念，引起读者的关注和思考；其次，你的问题要饱含一定的情感，能够引发读者共鸣；此外，从文案的结构上来说，问题还要承上启下，既要承接标题，还能够开启下文，"拽"着读者向下阅读。

3 自我剖析式开头

自我剖析式开头通常以第一人称视角出发，向读者介绍自己的个人经历、情感体验或感悟等，以此来展示个人色彩的思考与情感，从而将读者拉入到故事主人公的"次元"，让读者身临其境地"看故事""听故事"，也能更好地感知主人公的情绪。如此一来，你所要表达的情感、情绪等也就传递给了读者。

比如，在一篇《女人赚钱的意义》的文案中，开头写道："在我前三十年的人生中，一直保持着诸多陋习。"

作者一上来就展示自己的"诸多陋习"，在好奇心的驱使下，读者也会情不自禁地想知道，所谓的"陋习"到底是什么？为什么她会有这么多"陋习"？

再比如，在一篇《我25岁就把自己杀了，只是到75岁才入土》的文案中，开头也是自我剖析式的描写："2016年，我30岁，未婚，无房，无存款。这些都不重要。我只是不想这么快就死去。"

"30岁""未婚""无房""无存款"，似乎一下子就激发了读者的焦虑心理，而接下来又写"我只是不想这么快就死去"，让读者更焦虑了，内心也不禁产生疑问：为什么要死去？

在这一系列情感引导下，读者的注意力和好奇心就会被激发起来，接下来也会按照作者的思路继续阅读下去。

除此之外，引用名言名句、时事热点等，也可以打造不错的文案开头。一个精彩的开头，往往也让你的文案成功了一半。只有吸引读者继续阅读下去，你才有机会在文案中说服读者采取相应的行动。而事实也证明，读者在文案上停留时间和文案的最终回应率成正比。

好的结尾是提高转化率的关键

如果你经常阅读文案，就会发现一个问题：有些文案的打开率很高，但文末的点赞、评论、转发量却远不如打开率。究其原因，其实是因为结尾不够吸引人导致的。文案结尾不够精彩，不但无法刺激读者自行传播，导致文案受众有限，文案成为"爆款"的难度增加，更重要的是，它的转化率也会降低。

这就跟我们看电影一样，几乎每一部精彩的电影都会精心设计结尾部分，要么是剧情的高潮，正反派来场大决战；要么是真相大白，剧情惊天反转；要么是开放式结局，给观众留下想象的空间。

同样，一本好书的结尾部分也很重要，好像是作家与读者之间的一次深情告白。比如，小说《基督山伯爵》的结尾写道："人类全部智慧就包含在两个词中：等待与希望。"《飘》的结尾写道："不论如何，明天又是新的一天。"

对于营销文案来说，结尾的重要性不言而喻，因为它直接导向读者的购买行为。如果你只在文案中讲故事，那是远远不够的，在讲故事的同时，还要用文字为产品营造出气氛，激发出读者的潜在消费欲望。与单纯的文学作品相比，文案的结尾多出了一项任务，就是劝服。它需要让犹豫不决的读者下定决心去购买，让已经购买的用户重复购买。

那么，什么样的文案结尾既显得精彩，又能更好地提高转化率呢?

1 以情感共鸣打动人心

在文案结尾抒发情感,一方面可以很好地深化文章主题,另一方面也能加深读者的阅读印象,并与文章中的内容形成共鸣。

比如,在一篇名为《63岁才退休,"90后"打工人该不该逃离北上广?》的文案中,结尾就写道:

为每个打工人,提供能够轻松享受的小美好。陪伴你们享受奋斗、享受生活、享受人生,是麦当劳多年来坚持用心传承的品牌使命。就算打工打到63岁,麦当劳也会陪你吃好每一顿!

这样的文案结尾虽然语言简洁,但令人感动,戳中了无数北上广奋斗者的心扉,营造了一种感人至深的氛围,与读者形成了强烈的情感共鸣,同时也可以在一定程度上提升转化率。

2 关联读者贴近生活

这种结尾方式读起来会让人感觉意味深长,能够引发读者更多的思考。

比如,网络上曾有一篇很火的职场文章,叫《为钱工作不可耻,但是可疑》,结尾是这样写的:

所以,当你的工作失去了意义时,不如冷静地问自己,目前的工作,到底是否符合你的"基因"?如果不是,你或许可以回忆一下,在过往的经历中,有哪件事能够让你集中精力、忘却时间、忽略外在的声音，并时不时体会到莫大的成就感。

毕竟，能决定你职业价值的不全是钱，还有努力的意义。

这样的结尾就与读者自身相关联，让读者从文章中看到了自己，并开始思考自己能从工作中获得什么价值、如何提升自己。

3 以号召方式鼓舞人心

在文案结尾发起号召，也是不少创作者常用的写作手法，这类文案结尾往往适用于行动力强的文案内容。

比如，在一篇关于如何用手机摄影的文案结尾，作者就写道：

欢迎有好照片的手机摄影朋友，投稿到公众号后台。
如果你想提升摄影技术，这些大咖的书能帮助到你！

作者还刻意将最后一句话用红色加粗字体，并在最后放上了几本有关摄影的图书供读者选择，呼吁读者通过下面的书籍提升自己的摄影技术。

4 以话锋转折揭示正题

有些时候，文案如果营销色彩太强烈，可能会令读者反感。但有一些文案却故意为之，把产品信息硬生生地摆出来，却还能让读者无比期待，想快点等着营销广告出来。这种方式就是画风的"神转折"。

这类文案风格通常是把营销信息植入到娱乐化、知识型的内容中,刚开始用较长的篇幅讲一些与品牌、产品无关的故事,结尾处话锋突然转折,揭晓谜底,让读者看到文案真正要表达的内容。而事实证明,读者很"吃这套",经常会在评论中称"这波广告打得猝不及防"。

比如,时尚芭莎公众号曾发布过一篇阅读量超 10 万的推文,名为《延禧攻略完结的第一天,想她》。这篇文章是在 2018 年的爆款剧《延禧攻略》大结局之际,对剧情来了个通篇回顾,深度剖析剧中人物。而正当读者意犹未尽的时候,突然加入一则广告,提醒大家:剧虽已播完,但美丽可以继续。文案的结尾处是这样写的:

重重宫门深锁之中或有输赢,可百年之后,女孩们却因为各自不同的美丽同享灿烂——你看,每一个女人都该是不一样的颜色,都该有各自丰富耀眼的人生。

美在"型型✕色色"。这世间,终因我们而绚烂。《延禧攻略》大结局,"型色攻略"已开启,你们准备好了吗?

这种结尾方式主打的就是一个出其不意,当读者正完全沉浸于文案内容之中时,突然来个转折,带出产品广告。虽然会让读者感到意外,但因为有前面内容的铺垫,也并不会感到反感,甚至还会因为喜欢前面的内容而直接选择下单支持,转化率也随之提升。

 不怕文案长,就怕招数少

在这个一切都追求快节奏的时代,人们的阅读习惯也日趋碎片化，多数人都喜欢读一些篇幅短小、风格轻松的内容。这时，如果想让读者耐心读完一篇带有营销性质的长文案，可能会变得很困难。

但是，站在营销角度来说，长文案往往有着更好的营销效果。因为字数多，传递出来的信息就会比较全面，可以为读者提供一个完整的思维过程。同时，通过文字的渲染，也有利于将读者引向营销所要营造的氛围当中。尤其是对于那些有着较多复杂的新技术、专业的名词解读，以及一些需要深度解析的卖点，都需要篇幅较长的文案来实现。

如何让长文案更加吸引读者，让读者产生代入感？

一个有效的方法，就是"合理的结构 + 文字表达技巧"。下面四种文案创作方式，哪怕你的文案内容很长，也可以有效将读者带入其中。

1 将长段分开，化繁为简

很多人在阅读一篇文章时，经常会感觉里面的字数特别多，并且还是一整段一整段的，读起来非常累。有时可能还没开始读，看到大段的文字心里就打起了退堂鼓。

如果你不想让读者产生这种感觉，在创作文案时就要注意优化这些大段的内容，可以从文中选出几个比较明显的分界点，然后直接按回车键，将大段内容分解为几个小段落，甚至可以按句、按词去切分。切分完后你会发现，不但阅读起来不吃力，文案风格看起来也更轻松活泼。

比如，在肯德基的一篇宣传文案中，作者写了一段关于"美学"的知识。为了让读者的阅读感更好，就将其按句子切成了小段：

再说美学,

它可是研究人与世界审美关系的一门学科,

简而言之,就是不断追求研究对象的各种美感,

而好吃的美食当然也要美学加持才更给力!

细致运用1/4英寸切割方式的肯德基,

精心塑造了薯条高颜值的比例与外形,

小小的薯条里面蕴含了讲究的美学,

这样高颜值又好吃的神奇薯条,

能让人不爱吗?

这种按句子来分段的方式可以有效提升文案的可读性,尤其是读者利用手机阅读时,一句一行,居中排列,语气又自带节奏,阅读体验会非常顺畅。

2 用小标题串联上下文

把一段较长的文案分成小段,不但能起到归纳总结的作用,还能让文章看起来更有层次。

一般来说,小标题可以从一段文字的大意中提炼,便于那些不愿意或没时间阅读全文的读者,可以在最短时间内知道你的文案接下来写的是什么。为了激发读者兴趣,你也可以抛出一个问题,或者列出一些惊人的数字,吸引读者继续读下去。如果觉得提炼小标题比较难,也可以从后文中提炼一句话,放在两段文字中间,这样也能帮助读者缓解阅读的疲劳。

3 巧妙运用过渡性词语或语句

有些时候，两句话或两段文字之间明明有联系，但读起来总显得很生硬，不够顺畅，这时就需要巧妙地使用过渡性的词语或语句。这些词语或语句可以起到承前启后的作用，让文案读起来更加顺畅、自然。

比如，有这样一段文案：

香水对于女人来说有多重要？用香水可以让女人更加自信、更加性感。爱美之心，人皆有之，美好的心情从使用香水开始。

文案中的每句话好像都没问题，但放在一起，读起来却很生硬。如果我们加入一些过渡词，如下所示：

香水对于女人来说有多重要？
想象一下，一袭红裙的美人款款向你走来，还没有看清面容，便嗅到了她身上的致命芳香。其实，你也可以拥有属于自己的香气。更重要的是，比起取悦他人，你更应该取悦自己。

相比之下，第二段文案读起来更加顺畅，原因就是第二段文案中加入了一些过渡词，使整段的语气节奏放缓，读起来也更有感觉。

4 文案中少用形容词

有些创作者喜欢在文案中使用形容词，觉得读起来很有美感，但如果通篇都是华丽的辞藻、复杂的修辞，就会弱化营销的重点，令整篇文案显得华而不实。

读者需要的永远是精准的信息，你的文案也必须为他们提供容易感知、容易理解的精准信息。

比如，"这个盒子很小巧""一只2.5千克的超轻行李箱""那座房子看起来十分梦幻"，这些描述读起来倒是挺有美感，但却不够精准，读者也弄不清到底这个杯子有多"小巧"，2.5千克的行李箱有多"超轻"，房子有多"梦幻"。

如果你把其中的形容词换成名词或动词，读起来就会更精准。比如："这个盒子，就像火柴盒一样小。""这个行李箱的重量，只有4瓶矿泉水那么重。""那座房子看起来就像是皇帝的宫殿。"是不是感觉更精准了？

小米在宣传一款体重秤时，曾这样描述："喝杯水都可感知的精准。"如果只用"精准"这个形容词，用户是无法想象出它到底有多精准的。但加上了"喝杯水"这个具体的概念，用户马上就能理解这款体重秤的精准程度，由此也立刻产生了代入感：自己喝一杯水，就能测出体重差异来。

第三章
画面感:"不要卖牛排,要卖滋滋声"

 构建画面感,避开"知识的诅咒"

有画面感且画面感强的文案,不但能降低读者的理解成本,还能帮助读者加深记忆。当年苹果公司在推出 ipod 时,乔布斯在发布会上直接说道:"ipod 就是把 1000 首歌装进口袋。"虽然那时 ipod 还是个所有人都不认识的未知产品,但不得不说,每个人根据自己过去的经验,都能马上听懂这句话,并且可以产生使用的画面感。

这种方法看似简单,但真正动手写文案时,还是会不知不觉地写出一些抽象的、读者难以理解的文字。为什么会这样?

因为我们陷入了"知识的诅咒"。

"知识的诅咒"是 1990 年斯坦福大学的博士候选人伊丽莎白·牛顿(Elizabeth Newton)通过实验首次提出的。实验要求一位敲击者在桌子上敲出一首耳熟能详的歌曲旋律,另一个人作为听众来辨认歌曲。敲击者认为,听众可以正确地识别出大约 50% 的旋律,实际上听众只识别出 2.5%。

敲击者为什么会高估听众的正确率？

因为敲击者经常会随着敲击声感受到曲调，旋律听起来也非常清晰明显；但听众此前没有听到音乐，只听到手指敲击桌面发出的低沉声音，即使努力分辨，准确率也十分有限。

导致这种状况的原因一方面是信息不对称，敲打者听到的是完整的旋律，听众只能获取到粗糙的击打节奏；另外一方面是经验主义造成的理解偏差，一旦一个人掌握了某项知识或技能，就会理所当然地认为别人也掌握了，由此也会自动简化具体操作中的细节，这恰恰就增加了事情的难度。这时，即使你想跟别人分享某项知识或技能，也可能陷入把听众当成是自己的困境。

我们身边的大部分人所做的工作都比较复杂，有时我们渴望专业人士能用简洁的话语把他的工作讲清楚，实际上这是很难的。这时，将我们所表达的内容与读者熟悉的事物建立联系，就成为信息传达的关键。

写文案也是如此，想让读者快速领悟到我们要表达的信息或内容，就不能单纯地表达自己想说的，而是要用形象化的语言与读者的思维建立关联，或者为读者提供一个场景化的描述，让读者读到文字后，脑海中很自然地就能构建出一幅画面。这样，读者才有想要亲身体验的冲动。

如果你也想让自己的文案能在读者脑海中构建画面感，避开"知识的诅咒"，可以尝试下面的三种方法。

1 利用读者熟悉的事物，进行形象化类比

对于完全不具备背景知识的读者来说，大量的描述性语言与专

业的解释都无法让对方真正理解，这时有一个非常好用的方法，就是利用对方已经熟知的认知来解释或关联新事物，促使读者自行构建画面感。

比如，三星笔记本电脑与小米笔记本电脑都曾为自己的产品发布宣传文案。三星 Notebook 的文案是"超轻薄机身"，小米 Air 的文案是"像一本杂志一样轻薄"。相比之下，小米就运用了形象类比思维，使受众在脑海中立刻就能想象出"像一本杂志一样轻薄"的笔记本电脑到底是什么样子，从而对小米 Air 的厚度、重量有了具体的认知。

2 确立具体的场景

我们常说文案要唤起用户的记忆，引起用户共鸣，引爆用户情绪，其实就是要唤起用户内心深处一个个熟悉的场景。有场景就会有画面，用户的兴趣就更容易被激发。

比如，梁实秋在描写天津玉华台汤包的场景时，这样写道：

取食的时候要眼明手快，抓住包子的皱褶处猛然提起，包子皮骤然下坠，像是被婴儿吮瘪了的乳房一样，趁包子没有破裂赶快放进自己的碟中，轻轻咬破包子皮，把其中的汤汁吸饮下肚，然后再吃包子的空皮。

看到这段文字，你的脑海中是不是立刻出现了一个画面？甚至因为想象这个画面，已经忍不住流口水，想要马上买票去天津亲自品尝画面中的汤包了。这就是具体场景带来的效果。

3 多用具体描述，少用模糊抽象的文字

如果文案中多是一些模糊不清、抽象难懂的信息，读者是很难读下去的，更不要说建立认知了。善于对事物进行具体描述，才能帮助读者将内容具象化，产生画面感，从而更容易产生兴趣。

比如，纪录片《舌尖上的中国》在介绍"糯米稻花鱼"时，就用了这样一段文字：

稻花鱼去内脏，在灶上摆放整齐，用微弱的炭火熏烤一夜。现在需要借助空气和风的力量，风干与发酵，将共同制造出特殊的风味。糯米布满菌丝，霉菌产生的各种酶，使淀粉水解成糖，最终得到爽口的酸甜。

这段文案中并没有笼统地说稻花鱼好吃，美味，而是将自己当成是正在做菜或品菜的人，把食材和环境都调配起来，将眼睛、舌尖、耳朵、鼻子感受到的一些具体之处放大，从而调动读者的味蕾，让你满脑子想象的都是这道美食。原本只是一道常见的稻花鱼，通过这段细节描述，却仿若一道山珍海味摆在面前。

语言是抽象的，但生活不是。想要写出生动的文案，必须善于用语言构建画面感。文字显得抽象，画面却很具体，这也是为什么现代人更喜欢看电视、看视频，而喜欢看书的人相对较少，就因为看书又费眼睛又费脑，读完文字后还要理解。所以，文案表达得越生动，画面感越强，读者就越省力，文案与读者之间的联系就越紧密。

描述感受,做好感官占领

什么是感官占领?

简单来说,就是通过假设读者正在使用你的产品,描述读者的眼睛、鼻子、嘴巴、耳朵、身体和心里的直接感受,让读者脑海中产生画面感,从而打动读者。

美国营销大师爱玛·赫伊拉在1937年所著的《赫伊拉法则》中提到一句经典的话:"不要卖牛排,要卖牛排的滋滋声。"文案的妙处,在于本来是要卖牛排,却让读者到处都能听到滋滋声,闻到牛排的味道。而好的文案,就是要充分调动读者的感官体验,通过视觉、听觉、嗅觉、味觉、触觉等各种感觉,描述出一幅活色生香的使用场景,帮助读者构建画面感,让读者看完后仿佛身临其境。

有研究显示,人类五感的深刻程度依次为:视觉(37%)>嗅觉(23%)>听觉(20%)>味觉(15%)>触觉(5%)。我们在创作文案时就可以充分利用这个规律,描述读者眼睛看到、鼻子闻到、耳朵听到、舌头尝到,以及身体能触摸到和心里能感受到的。

比如,你要给一款非常浓稠的酸奶写文案,那光写"浓稠可口"是远远不够的,你要写"像乳白色的奶香冰淇淋一样,只能用勺子挖着吃",这就描述出了读者眼睛所能看到的场景,读者也会马上开始"脑补"这款酸奶的样子。

再比如,你要写一篇关于甜点的文案,那光写"甜美可口"是不够的,而是要这样写:"咬住,别让爆浆流出来。一口咬下,润香的奶在口中摊开。"

看到这样的描述,你是不是已经开始流口水了?

在描述用户感受时，可以多用一些比较精准的能触动感官的形容词，如香辣透亮、滑润浓香、冰凉淡香、晶莹如玉、冰凉凉、黏糊糊、轻飘飘等等。比如，在描写米饭时，"喷香的米饭"就比单纯地说"米饭好吃"更有感觉，"冰爽的凉粉"也比单纯地说"凉粉"更有感觉。一家餐厅的菜单如果这样设计，对生意一定有帮助。它可以提升用户的体验，也让产品更有说服力。

某些类别的产品会大量使用关于视觉与触觉的形容词，如美妆的文案喜欢用"晶莹剔透""柔软细腻""舒爽透肤"等。如果你要写美妆文案，可以参考类似的感官形容词。

这就提醒我们，在平时多注意收集一些与产品类型与感官相关的形容词。比如，写儿童薄纱睡衣文案时，你可以参考冰激凌，甚至可以看看夏季面膜的文案是如何写的。有一款冰激凌的电商文案是这样写的："别样清新，清清爽爽。"这两句文案用在儿童薄纱睡衣上也同样能让读者获得感官感受：别样的清新，宝宝穿上肯定清清爽爽、冰冰凉凉的。

这里需要注意一点，就是在写感官感受时，尽量不要用一些模糊、抽象的词汇，而是要写具体的感觉和感受。

比如，下面两则文案就体现出没有画面感和有画面感的巨大差异。

没有画面感的文案：

新疆是一个非常美丽的地方。

有画面感的文案是这样写的：

博斯腾湖的水面闪耀醉人的蓝色光芒，

恰西森林像绿色油画般令人无限神往，

一望无际的薰衣草田变幻为紫色海洋，

库车峡谷的山峰被残阳染出烈焰般的红光。

文字表达的缺陷就是抽象、难以理解，如果你能直接描述出画面感，读者理解起来不但方便，感觉还会更加立体化。人是一种感觉型动物，感觉对了，一切就好说。

多用动词和名词，打造有能量的画面

语言的抽象性，使文案与读者之间容易产生语义偏差，甚至难以沟通，尤其是一些抽象性的"概念词"，更是难以理解。小说之所以被很多人喜爱，就在于其"街谈巷议、道听途说"的通俗性，并且通过很多夸张的比喻、细节描述等方式来讲述人情世故。在创作文案时，我们也可以借鉴小说的写法，努力构建画面感，让读者自行去想象其中的场景与画面。

不过，在创作文案构建画面感时，我们还要意识到一点，就是不同词汇所构建的画面感效果是不同的。一般来说，用动词所构建的画面感效果最强，其次是名词，最弱的是形容词和副词。在创作文案时，我们要尽量避开那些抽象度高的词汇"雷区"，选择具有实际意义的词汇，才能构建更容易理解的画面。

1 动词:迅速调动读者情绪

动词的精妙之处在于,它可以使句子由静态立刻转为动态。如果你想打造互动性强的营销类文案,只用一些毫无张力的辞藻堆砌,不使用关键性的动词,读者是很难产生情绪变化的。

比如,王小波在《红拂夜奔》中有这样一段描写:

只有那匹马横着身子,跨着踢踏舞的步伐走过来,走到卫公的家门口就猛地立住。卫公从马上栽了下去,但是他家里的人手里拿着绳床在门口等着,一兜,把他接住,抬进家里去。

在这段话中,作者用"跨""走""立"等几个表示动作的字,描述了马走路的缓慢、稳当;又用"栽""兜""接""抬"几个表示动作的字描述了卫公老年的糊涂样子,以及家人对他这种行为处理起来的得心应手,塑造出了一种滑稽戏谑的画面张力。

再比如,红星二锅头有两组文案,一组是"用子弹放倒敌人,用二锅头放倒兄弟",两个"放倒",不仅符合烈酒的产品特性,也让情感表现得更加激烈和热血。比起软绵绵的文字,这样的动词一下子就让产品"精神抖擞"起来;另一组是"把激情燃烧的岁月灌进喉咙",一个"灌"字,就能让人联想到一仰脖子将烈酒一饮而尽的画面,既过瘾,又感觉热血沸腾,与这款烈酒的产品属性也很协调。

2 名词:构建可理解的意义画面

与动词的功能相仿,在文案中使用合适的名词也能帮助读者在脑海中构建画面感，但是需要使用具体的名词。

比如，我们形容一个男生长得帅，可能会说："这个男生长得非常帅！"但读者看到这句话后，可能并不会产生具体的认知，也很难有具体的画面感。

如果换一种说法，如："这个男生比刘德华还帅！"读者脑海中立刻就会想起刘德华的帅气。而"比刘德华还帅"，也会让读者展开自己的想象，在脑海中构建起画面感。

再比如，你要为一款迷你充电宝写文案，最常见的方法可能是直接列出这个充电宝的尺寸，如长9厘米、宽2.5厘米，然后再加上一堆修饰语，来体现这款充电宝的"迷你"特性。这样的描述也不能帮读者构建起画面感，读者懒得去想象长9厘米、宽2.5厘米的充电宝到底有多迷你。如果你这样写："这款迷你充电宝，小如口红。"这就显得非常直观形象了，读者也能马上想象出它的小巧。

这也提醒我们，写文案时尽量少用形容词、副词，如"帅""美""好看""酷""厉害""高端""至尊"，以及"非常""很""特别""相当"……这类词汇都比较抽象，难以让读者产生画面感，也不会产生多少具象认知。

美国斯坦福大学商学院组织行为学教授奇普·希思与他的兄弟丹·希思，在《粘住：为什么我们记住了这些，忘掉了那些》一书中写道："人类的大脑里好像拥有大量的线圈，一句文案拥有的钩子越多，它在记忆中就越根深蒂固。"

如果想让文案给读者留下深刻印象，就要让它的身上长满"钩子"，而动词和具体的名词就可以成为"钩子"，紧紧附着在读者的脑海中。相反，形容词和副词用起来可能不费力，也能让文案看起来很华丽，但它们却难以为文案加分，甚至还会起到分散读者注意力的反作用，无法在读者脑海中扎根。

 巧用修辞，让文字开出花来

很多人喜欢写一些"自嗨"式的文案，如：

极致人生里的极致享受。
只有安静，才能让人心静。
自然"睛彩"，每时每刻。
……

这类文案都带有强烈的修辞意味，但却显得过于刻意雕琢。在文案创作中，运用修辞手法确实能让文案更出彩，为文案增加表现力与想象力。可如果用得过多，强行修饰，或者流于形式，过于追求辞藻的华丽，反而会掩盖文案本身要表达的内容。

其实，一些文案中使用修辞效果不好，并不是因为修辞手法不适合用于文案当中，而是因为没有找到合适的表达方式。用好了修辞，文案一样会出彩。

1 排比，使文案更有节奏感

在文案中运用排比手法，不仅可以制造气势，还能让读者第一眼看到文案时就能快速建立逻辑。通常来说，不同意象相同句式的重复可以产生强烈的冲击感。

比如，在一档综艺节目的宣传文案中，就这样写道：

爱笑的

爱哭的

爱夏天的

爱吓人的

爱健身美体的

爱胡吃海喝的

……

什么样的男孩都来了

明日之子·乐团季，总有你爱的

这样的排比句式就增强了文案气势，使文案层次递进，表层含义不断升华，凸显了节目的质感与厚度。

2 比喻，让文案表达更生动

比喻也可以用于文案创作中，但在运用比喻时，选取本体时不能随便，最好是产品或产品的某个属性，也可以是产品延伸出来的个性、精神、文化等方面；喻体的选取则必须与产品有相关性。

比如，一款酥皮月饼的文案是这样写的：

这款酥皮月饼，被黄灿灿的盔甲包裹着，仍然能闻到浓郁的月饼香气。用刀轻轻切开酥酥脆脆的月饼皮，你会看到香脆的花生、芝麻，配上让人垂涎欲滴的玫瑰酱，实在是太美味了。月饼虽小，但每一块都承载着你对全家团圆的祝愿！

在这段文案中,"月饼的外皮"是本体,也是月饼这个产品的一部分。将"月饼的外皮"比喻为"黄灿灿的盔甲",两者之间颜色、形状都有一定的相似性。同时,又通过视觉、嗅觉描述了里面的馅和食材,让人瞬间就能在脑海中想象出这块月饼的形象,以及出现亲口品尝这块月饼的画面感,由此也容易产生马上购买的冲动。

除了找到本体与喻体之间的关联,还要找到喻体与读者之间的关联,即这个喻体必须是读者关心或熟知的事物。这可以极大地唤起读者的想象力,让读者很自然地感受到你想要表达的意蕴。

比如,水果摊的文案"甜过初恋",网吧的文案"网速实在太快,请系好安全带",都使用了比喻的手法,既诙谐又形象。

3 对偶,加深读者印象

文案中使用对偶,可以使文字显得整齐匀称,句子富有节奏感,读起来朗朗上口,便于读者记忆,乃至口口相传。

比如,泸州老窖的一组宣传文案是这样写的:

别把酒留在杯里,别把话放在心里。

这句话就用到了对偶的修辞。酒要大口地喝下去才爽快,同样的道理,有些话要倾诉出来才痛快。从酒中领悟人生真谛,引发读者的情感共鸣。对偶的运用,也让句子在句式上显得整齐划一,方便记忆。

4 适时夸张,增加文案趣味性

有时为了突出产品功能,文案中也会采用夸张的修辞手法。在运用夸张手法时，可以先设定一个违背常理的场景，把现实中不可能发生的事情，用有趣、幽默或比较震撼的方式呈现出来；或者为了突出产品功能，对产品特性进行适当的夸张。

比如，宝马做过一个广告，强调自己的激光大灯可以照得很远，能一直从地球照到冥王星，同时搭配的文案词是：

向前探索的目光，从未停留。

虽然这是不可能实现的事情，但读者看到后，并不会觉得宝马是吹牛，反而还会对它勇于探索的精神产生更多的认同。

再比如，太平洋保险的一组文案写道：

平时注入一滴水，难时拥有太平洋。

"一滴水"和"太平洋"，充分体现了保险的特性：平时的点滴投入，遇到困难时的巨额补偿。这也是用夸张手法表达自己的品牌战略愿景，用"太平洋"夸张指代赔偿金额的巨大，给用户强烈的心理冲击。"太平洋"既是品牌名，又像真正的太平洋一样实力雄厚，可以稳固、长久地保障用户的"太平"。

需要注意的是，在运用夸张手法时，一定要注意夸张的合理性，最好加入一些幽默、有趣的元素，可以减少用户的逆反心理，让用户更容易接受。

关注细节,提升文案"颗粒度"

要写出好文案,细节是必须关注的。要知道,大方向谁都能写,但真正让人印象深刻的,往往是文案中的一些小细节。

大家可能听说过"甲壳虫文案系列",那简直可以被称为是"文案中的教科书"。它的每一期文案都写得恰到好处,再加上其过硬的质量,给人一种不得不购买的冲动。

比如,甲壳虫有一组经典的广告文案"Lemon"(不良品):

这辆甲壳虫没赶上装船起运。

仪器板上放置杂物处的镀铬有些损伤,这是一定要更换的。你或许难以注意到,但是检查员克朗诺注意到了。

在我们设在沃尔夫斯堡的工厂中有3389名工作人员,其唯一的任务就是:在生产过程中的每一阶段都去检查甲壳虫(每天生产3000辆甲壳虫,而检查员比生产的车还要多)。

每辆车的避震器都要测验(绝不做抽查),每辆车的挡风玻璃也经过详细的检查。大众汽车经常会因肉眼所看不到的表面擦痕而无法通过。

最后的检查实在了不起!大众的检查员们把每辆车像流水一样送上车辆检查台,通过总计189处查验点,再飞快地直开自动刹车台,在这一过程中,50辆车总有一辆"不予通过"。

对一切细节如此全神贯注的结果是,大体上讲,大众车比起其他车子耐用而不大需要维护(其结果也使大众车的折旧较其他车子为少)。

我们剔除了柠檬(残次品),而你们得到了李子(合格品)。

这则文案着重强调了车辆出厂检查的苛刻、检查步骤的繁杂等细节，"3389名工作人员""每辆车的避雷器都要检查（决不只做抽查）""接受189处检查"……这些数据既体现出甲壳虫汽车品控的严格，也消除了消费者担心车辆有质量问题的顾虑。这则文案也因为其极富感染力和画面感，被很多业内人士赞不绝口。

真正能打动人心的文案，往往都体现在细节中。越是描述细节，就越能让人觉得你与别人有所不同。在创作文案时，我们不妨也多思考怎样更多地去描述细节，避免抽象模糊的东西。

不过在此之前，你需要对所要描述的事物非常了解。比如要推广某款产品，作为专业文案创作者，不管别人有没有要求，都要从头到尾地了解清楚产品，知道它的每一处细节，这样才能真正把细节写到打动用户。

1 描写细节前要充分了解产品

很多人都喜欢小米的文案，其中一个很重要的原因，就是小米很擅长在微小的细节之处做延伸，让用户感觉这款产品比其他同类产品更有优势。

比如，小米的一款移动电源在创作文案时，一开始的文案是："小身材，大容量。"后来因为觉得指代不够明确被否定了，"小身材"到底有多小？"大容量"到底有多大？这些都要用户自己想象。之后又出了一则"小米最来电的配件"，也被否决了，因为配件会被联想到手机壳、手机线等。

经过层层筛选后，最终这款产品直接定的是一级卖点"10400毫安时，69元"，二级卖点"LG，三星国际电芯，全铝合金金属外壳"。这个文案就显得简单、直接，并且有细节描述。这些都是建立在文案创作者对产品的功能、性质、用法、特点等十分了解的基础之上，才能顺利完成。

2 突出产品设计的贴心，拆解产品细节

网易严选在推荐一款专门为婴幼儿设计的，特色是"打不翻"的吸盘碗时，就用文案细致地描述了使用吸盘碗的过程：

饭前，正面按压碗，排出吸盘内的空气。饭后，拉起小尾巴，让空气进入。

在这则文案中，"拉起小尾巴"这个小细节的描写，不仅突出了产品设计层面的贴心，更体现出了童趣风格，同时也与产品调性完美呼应。

总之，一堆模糊不清、抽象的信息很难激发读者的阅读兴趣，更不要说对产品建立清晰的认知了。而细节丰富的描述，不但能帮读者将产品内容具象化，在脑海中产生画面感，还更容易让读者一眼心动，做出购买行为。

跳出文字边界，"跨界"塑造画面感

有些时候，当我们的文案创作进入倦怠期时，不妨试着彻底跳出日常的文字边界，用一种"跨界"的方法来营造画面感。除了一些文史哲类书籍之外，各种自然科学类书籍、纪录片、影视片等，

都可以为我们提供许多清新的词汇和句子,为我们的文案创作带来新的灵感。

比如,BBC曾出品过一部纪录片《地球脉动》,其中介绍了一种名叫"巢鼠"的小动物,文案是这样写的:

草类有着惊人的生长力,从冒新叶到开花只需几天时间。草成了微小的果树,对于居住在草丛中的生物而言,这片草地广袤和高耸如同雨林一般。爬草,可比爬树困难多了,尤其因为草茎来回摆动。巢鼠的尾巴就像是第五肢,能抓住物体,令它爬草犹如猴子爬树一般敏捷。同时,它能像看地图那样,读懂头顶草茎的纹理,从而找到回家的路。

这段解说文案便充满了画面感,即使不看画面,我们也能自行在脑海中勾勒出一个画面:一只肥硕灵活的巢鼠,在草丛中忙碌地跳跃穿梭,寻找回家的路。

再比如,在讲述中国烧烤文化的纪录片《人生一串》中,也可以看出许多散发着烟火气息的野性文字:

啃羊蹄儿的时候,你最好放弃矜持,变成一个被饥饿冲昏头脑的纯粹的人。皮的滋味,筋的弹性,烤的焦香,卤的回甜,会让你忘记整个世界。眼里只有一条连骨的大筋,旋转、跳跃,逼着你一口撕扯下来,狠狠咀嚼,再灌下整杯冰啤,"嗝——舒服",剩下一条光溜溜的骨头,才能最终心静如水。

善于跳出日常学习和工作中所接触的领域和词汇，我们的思维才能打开，从而逐渐拓展文字的边界，不断获得新的刺激和启发。

不过，运用这种方法创作文案时，一定要注意将文案内容与产品或服务相结合，不能为了创作而创作，或者为了过分追求画面的灵动而忽略了产品的植入效果，这就舍本逐末了。

此外，想要创作出画面感强烈的文案，在平时除了积极写作之外，我们还要养成善于观察和记录的习惯，看到某个场景、事物，自己脑海中忽然产生了某种画面时，就要及时用文字将其描述出来。长此以往，我们在创作文案时，就不会再不知道如何下笔。下一次，我们也可以用自己的文案在读者心中描绘出一幅充满细节的画作了。

第四章
故事力：有锐度的故事，赋予文案穿透力

 会讲故事的文案更有"杀伤力"

文案的本质，是让读者与产品之间产生关联，建立"沟通"，而讲故事就是一种非常好的表达方式。无论什么类目，能讲好故事，为产品添加附加值，读者就会更加受用。

一个有故事的产品，往往能够赋予产品深层次的情感价值，让读者与产品之间建立起难以割舍的情感纽带，使他们在读故事或听故事的过程中不知不觉地被感染，继而认同产品价值，最后促成购买。

董宇辉的一段"小作文"就是讲故事的典范。他曾在直播间描述了一个关于夏夜的场景，这个场景对于大多数人来说都是熟悉而亲切的。当他说"好多年后，你时常记得仲夏夜的风里，你们坐在院子乘凉"，我们仿佛能感受到那微风轻拂面颊的舒适，听到"树叶沙沙作响"，看到"天空偶尔飞过一两只不知名的鸟"。这样的细节描绘，让人不自觉地沉浸在那个宁静而美好的夏夜里。

接着,他又继续描述:"你一只手里拿着筷子杵着的玉米棒子在啃,一只手里还贪心地抱着水井里刚取出来的冰镇西瓜。"这一幕幕生动的画面,不仅会让读者回忆起童年的美好时光,更在无形中为"玉米"这件普通的产品增添了无尽的附加值。我们怀念的,或许不仅仅是那个味道已经变得模糊的玉米,更多的是那份纯真无瑕、无忧无虑的青春岁月。

很多网友听完董宇辉的这段文案,纷纷表示自己"仿佛回到了小时候","依偎在父母身边啃玉米"。这时,观众与"玉米"这件产品之间便产生了联系。而这个精妙的故事,也胜过他讲千百遍大道理,让读者不知不觉间就进入到他的故事当中,甚至忍不住想下单购买,再次体验一下啃着玉米的小时候的感觉。

能够成为爆款的文案,都很善于把产品信息藏于故事当中,在不知不觉间勾起客户的情绪和信任,继而产生购买的欲望。可以说,这种会讲故事的文案,对客户都是非常有"杀伤力"的。

那么,在创作文案时,哪类故事更容易引起读者共鸣呢?

由于各类产品的目标客户不同,文案所讲故事的类型和风格也会有所不同,但总体上来说,下面几类故事通常更容易打动读者:

1 情怀类故事

"情怀"的存在,可以将一切从世俗提升到理想、真情的高度,继而击中读者内心深处的柔软,引发读者情感上的认同和共鸣。

比如,南方黑芝麻糊曾有一则广告,文案中写道:

小时候,一听见芝麻糊的叫卖声,我就再也坐不住了。一股浓香,一缕温暖。

这篇文案虽然文字很少，但却讲述了一个关于自己小时候听到街边叫卖芝麻糊的声音时的感受。这则广告运用的是怀旧主题，充满了人情味，而"一股浓香，一缕温暖"，简单的一句话，更是勾起了无数人的怀旧情愫。

这就是这个故事的情怀所在，也是它最为动人的力量所在。

2 体验类故事

这类故事主要是对目标用户使用场景的描述，其目的大多用于宣传新产品或产品的新功能等。

比如，阿里巴巴的一组文案中，就通过故事的形式展现了产品为客户带来的利益。其中一个文案是这样写的：

06:16 上海市黄浦区
洪蓉芳 67 岁 个体工商户

自从孙女给我弄了个支付宝
每天早上来买饼的年轻人翻了倍
他们夸我：阿婆你好潮啊！

通过用户的独白式文案，勾勒出了个体生活的细节，以及支付宝与用户生活的交融。用这种用户小故事作为文案，也会让读者对产品产生更深刻的体验感。

3 痛点类故事

通常情况下，文案故事从客户痛点出发，不仅能吸引客户关注，还能提升产品的美誉度和竞争力。

比如,"今日头条"旗下自媒体平台"头条号",曾为平台上一群表现优异的自媒体人拍摄了一组纪录片,名为《生机》。其中的内容包括:写教授养猪技术的文章,阅读量超过5 000万人次的"90后"少年;被家人逼婚,投身科技手工短视频制作的自创业女孩;将自己的木工活视频发布到"今日头条"上的60岁的老木匠……

纪录片文案的标题和内容中,都有意识地讲述了一些带有痛点的故事,如"裸辞""逼婚""传统手艺失传"等,这些文案没有多么深奥的长句,也没有华丽辞藻的堆砌,有的只是一个普通人的内心独白。但就是这种平凡又独特的故事型文案,直击用户内心痛点,获得了可观的播放量和点赞量。

总之,善于在文案创作中讲好故事,不仅可以让故事深入人心,还能让某个特定群体产生情感共鸣,使他们在内心中不禁地发出"怎么和我想的一样""这个故事讲到了心里"的感慨,从而让他们在内心中掀起波澜,留下深刻的印象。

 好故事的五字魔法口诀

人类天生爱读故事,尤其在如今这种信息过载的新媒体环境下,有故事感的文案往往拥有比普通文案更强大的传播力,也更容易让读者产生代入感,身临其境地融入故事之中,并由此产生消费的欲望。

在2009年时,美国作家罗博·沃克和约书亚·格伦曾做过一个实验。他们采购了一批价格低廉的小饰品,这些小饰品在普通杂货店里就有卖，但他们两人把这些饰品采购回来后，共邀请了97位有创意的作家，请他们一起为这些小饰品创作了一系列的故事，然后将这些有故事的小饰品放在 ebay 上拍卖。

结果，他们获得了意想不到的成功，投资回报率高达2 806%。后来，他们又多次重复此类实验，继续大获成功。

2012年，他们又把这些饰品故事编写成为一本书，这本书也获得了大卖。

在文案中创作吸引人的故事，故事天生的影响力往往可以直指人心，让读者有所感悟、想象、认同，最终激发人们想要为故事"买单"的心理。

但是，不是所有的故事都能有效地吸引读者，有些文案创作者也会写故事，可写出来的故事并不吸引人，让人读起来感觉"食之无味，弃之可惜"。

为什么会出现这样的情况呢？

原因就在于，他们所创造的故事不能触动读者的情绪，不能让读者感同身受，也不能让读者有所体悟，读者自然也没兴趣、记不住。这样的故事，只能称之为"故事"，但却算不上"好故事"。

好故事应该是令读者有感动、有体验、印象深刻的，但在创作文案时，想写出这样的故事并不容易。不过，不容易不等于做不到。如果你掌握了创作好故事的五字魔法口诀，即"具，情，戏，奇，趣"，你创作出来的故事一样能让读者印象深刻。

1 "具"：故事要具体

在文案创作中，最忌讳的就是文字不够具体，因为没有具体的动作、行为或对象，就难以形成画面，没有画面就难以有想象，没有想象也就不会有深刻的感受。

想让故事吸引人，就必须有具体的人、事、物，并且还要贴近生活，亲切可信。很多人在阅读文案时，还没有读完就发现故事很空，并且有很多漏洞，这样的文案难以吸引读者，读者可能也看不到你最后要植入的产品或服务。

2 "情"：故事要有情感

故事是联结读者与产品的纽带，因此，讲好故事必须从"情"入手，要善于用情感去打动读者。在讲故事时，要多讲述每个人都会遇到的亲情、爱情、友情故事，不但容易塑造情境、还原场景，还容易直击读者的内心，引发情感共鸣。在这个基础上，再去巧妙地植入产品，不但不容易引起反感，反而会让读者对产品产生认同感和归属感。

3 "戏"：故事要有戏剧性

故事的发展离不开矛盾和冲突，平淡的故事远不如波澜曲折的故事更让读者投入其中。而且，戏剧性的故事情节也容易激发读者的阅读兴趣，使读者更容易记住，并增加口耳相传的趣味性。

所以，在确保故事真实性的基础上，如果故事发展中有从产生矛盾到解决矛盾的环节，或是有主人公从遇到困难到解决困难的过程，那么故事一定更加精彩，引人入胜。

4 "奇"：故事要有罕见性

有这样一则文案："最大粽子创金氏纪录，万人吃粽庆祝。"

大家都吃过粽子吧？就算你不吃粽子，也一定看过粽子，但你看过最大的粽子吗？光是"最大的粽子"几个字，就足以勾起读者的好奇心了。

读者都有猎奇心理，如果你的故事走奇特路线，或者是有比较罕见的情节，也可以吸引读者的阅读兴趣。

5 "趣"：故事要诙谐有趣

诙谐有趣，即用诙谐幽默的方式打开故事，以达到某种语言效果。这种故事表面看好像有一定的攻击性，但其实属于完全没有攻击性的幽默，追求的是让读者获得心灵上的放松。而文案中带有诙谐有趣，甚至有点戏谑意味的故事，也容易让读者感到轻松愉快，会心一笑。

比如，某平台作者"凯文熊"针对"痛风"这一疾病曾推出一篇名为《呜呼！我已经患上痛风了！》的文案。这原本是一篇有些沉重的关于疾病的文案，但文风和故事却让人眼前一亮。我们节选一小段：

话说英国有两个考古学家，一个叫埃利奥特·史密斯（屎泌死），一个叫伍德·琼斯（穷死），在埃及的一座神庙附近，挖出了一具生了结节瘤的痛风患者的千年木乃伊。

然后，木乃伊复活了……

当然没有啦！

死了的千年木乃伊还是木乃伊，活着的得了痛风的该痛还得痛。

不过，这病又被称为帝王病、贵族病、富贵病（太穷了没饭吃可得不上啊），几千年来生生不息，孕育了无数的贪吃好男儿。

开头部分是考古情节,语言风趣幽默,让读者原本悬着的心放松下来;接着,又引入对"痛风"的介绍,以及该疾病的病源与患者群体。在分析完这些后,作者还给出了预防和治疗的"秘籍":

有痛风不可怕,看我祭出葵花宝典:七十二变来也——

第一变:珍珠衫变厚棉袄。

第二变:烟、酒、鱼、肉变大馒头。

第三变……

文案内容原本是很严肃的,但运用这种讲故事的方式写出来,既让读者感到有趣,愿意继续往下阅读,又能心甘情愿地接受作者的建议。

以上是五点写出好故事的要素,在文案创作时,我们要根据实际情况适当运用,相信一定可以创作出读者喜欢的文案。

贴近生活的故事,让读者身临其境

为什么有的人讲故事,你听后仿如身临其境,而有的人讲的故事却干巴巴的,让你毫无感觉?

好故事的一个关键特点就是有亲和力、贴近生活。在创作文案故事时,如果故事能与受众的生活结合起来,文案就会更吸引人。

故事是一种聪明的包装,可以让文案显得更真实,也更有诚意。好文案也不一定多么高大上,只要贴近生活、融入烟火,在平凡的琐碎里观察和了解人性，同样有可能成为爆款。

需要注意的是，既然要让文案故事贴近生活，我们在创作文案时就要尽可能地让故事符合生活，而不要犯下面三种错误。

1 常识性错误

我们看一下下面这则文案：

五月份，田野里的高粱熟了，一株株沉甸甸地低着头，远远望去，红彤彤的，仿如一片火的海洋。一只小猫趴在树荫下，瞪着眼睛愣愣地盯着他在午后的骄阳下挥汗如雨。

这句文案有问题吗？

当然有。

首先，高粱的成熟时间一般在7月上旬至10月中旬；其次，既然有骄阳，说明天气比较热，这时即使小猫趴树阴下，也不会"瞪"着眼睛。

在文案创作中，这种常识性的错误很容易犯。要避免出现这种错误，平时就要仔细观察和了解生活，并且尽量不在文案中写自己不熟悉的事物，更不要加入臆想的内容。

2 人物对话太书面

在文案故事中，经常会出现对话,这样可以让故事读起来更生动。但是在对话时，一定要注意表达方式要与人物身份相符才行。而且人们在日常对话时，更多的时候使用的是口语，很少使用书面语。

比如，无论是在农村还是在城市，大家在喊"妈妈"时，可能不同地区有不同的称呼，但很少会直接喊"母亲"。

在文案中讲故事，直接引用说话者原汁原味的口语，反而会收到意想不到的效果。

3 在故事中偷换概念

这种问题一般是文案创作者故意为之，被换的可能是创始人、专家或高管身份，也可能是某些奖项、荣誉等。

2019年，有一篇《那个从阿里离职的漂亮女高管，从来不过情人节》的文案火了，然而不少阿里的员工看到后，对故事中女高管的身份提出了质疑。因为这名所谓的"高管"其实只是曾经在阿里健康任职，并不算是阿里的高管。

这种情况可能有些时候不会被注意到，而一旦被网友发现，就会涉嫌造假，影响文案的宣传效果，甚至对所营销的产品品牌造成负面影响。

总之，艺术源于生活，但高于生活，不论是艺术作品，还是销售文案，初始点都是真实的生活。将这些真实加以润色，让每一位读者更容易产生代入感，文案的转化效果才会更好。

好故事也要会借力

在《小王子》一书中有这样一句话："如果你想造一艘船，不要抓一批人来搜集材料，不要指挥他们做这个做那个，你只要教他们如何渴望大海就够了。"

写营销文案也是如此。换句话说，如果你想让用户选择你的产品或服务，不要硬生生地推销给他们，而是懂得调动他们的购买情绪。这时，你只需要讲一个关于"大海"的故事，用户自然就愿意来帮你"造船"。

但是，要讲好这个关于"大海"的故事并不容易。很多时候，"酒香也怕巷子深"，你的故事讲得再好，也需要外力的助推。否则，读到故事的人太少，就无法把"船"造起来，你的文案也成不了爆款。

因此，文案创作者要学会让自己的文案故事"搭上便车"，用巧妙的方式强化读者的记忆点，提升读者黏性。

1 借助社会话题

现在，网络媒体高度发达，各种营销文案都喜欢在一些特殊的日子里推出，比如父亲节、母亲节、情人节、元旦，以及一些商家自创的日子，如"双十一""618"等全民参与的日子，趁着大家都在关注各类产品、疯狂购物，如果你的文案写得足够好，也可以比平时更加快速地在读者心里建立好感度。

比如，每年的"双十一"，天猫都会发布营销短片。2022年，天猫的文案是"天猫'双十一'情绪大赏"，很多其他品牌也推出与之相符的文案。

某白酒的文案是："双十一，买得起的在购物车里，买不来的在酒里。"

某美妆品牌的文案是："别忘了，口罩的作用是隔离病毒，不是隔离美貌。"

某运动品牌的文案是："有些事就算最后没有坚持下来，但至少在这一刻，你是对自己满怀期待的。"

利用这些有热度、有讨论度的日子，再结合自己的产品或服务打造文案故事，往往可以更好地吸引读者的关注，也能刺激读者加入讨论，从而达到良好的互动效果，实现文案的最终目的。

2 借助热点话题

文案创作离不开各种热点，文案故事传播更是如此。如果我们能结合大众长期关注的热点话题创作文案，也可以吸引读者的关注。

热点话题一般分长期热点和短期热点。所谓长期热点，就是大家长期关注的一些问题，如健康问题、教育问题、环保问题等民生问题。

比如，冷酸灵牙膏就曾推出一款文案："陪你走过晴天雨天，守护你的冷热酸甜。"

这就是借助人们长期关注的健康问题所创作的文案。

短期热点就是一些突发性的热点，如近期发生的热门事件、近期人们讨论较多的热门话题，或者是一些热播的影视剧等，都属于短期热点。

在20世纪80年代，有一段时间，美国女权主义十分盛行，街头巷尾都讨论女人的地位应该与男人平等。这时，有一家雪橇公司很烦恼，因为他们在滑雪场销售十分不景气，购买的人也只是寥寥无几的男性。

于是，这家雪橇公司就找到了广告大师约瑟夫·舒格曼，希望他给自己出出主意。约瑟夫就让该公司在《华尔街日报》上刊登一则新闻，大意是说，我们滑雪场的雪橇不卖给女性，并说明合理原因。

结果，这则新闻一下子成为大家争议的焦点。随着女权运动的不断深入，这家公司也很快被众多女性所知。等到热度上来后，该公司又宣布：我们尊重女性与男性的平等要求。于是，这家滑雪场的雪橇得到了大量的销售订单。

这就是学会借助短期热点事件来创造自己的故事文案，因而也快速吸引了读者的关注，产生了事半功倍的效果。

3 借助焦点话题

焦点话题一般是指大众都很关注的话题，比如二胎妈妈、外卖小哥、职场新人、知名医生等相关的话题，就很受人们关注。如果我们与这些人有交集，并且了解到他们身上发生的一些事情后，产生了不一样的观点和感受时，就可以巧妙地借助他们的身份来创作文案故事。

在创作关于这类话题的文案故事时，你可以加上"我的朋友是一位二胎妈妈……""我的医生朋友建议……"等等，顿时就能让你的文案故事显得真实而有说服力。

此外，你还可以以一些明星、网红等具有影响力的名人为切入点，借助他们近期的焦点事件来创作文案，这与广告名人代言的性质很相似，可以利用粉丝效应将文案推向高热度，从而吸引更多人的关注。

有锐度的故事，让人印象深刻

大部分的文案创作者对故事的理解就是人物、情节、环境，然而故事即使具备了这些要素，很可能也只是一个完整的故事，却不是一个好故事。

比如，你要给一家健身房写一则宣传文案，勾起受众管理体型的欲望。

第一则文案这样写的：

Sandy，25岁，健身365天，甩掉20公斤。

第二则文案这样写的：

Sandy，25岁
2016年，体重73公斤，绰号"胖妞"；
2017年，体重53公斤，人称"女神"。

两则文案一对比就会发现，第一则文案虽然也具备了故事要素，但相比于第二则文案却缺少了针对性和穿透力。简单来说，就是不够"扎心"，没能准确地刺中受众痛点——肥胖带来的烦恼。

文案大师威廉·伯恩巴克在为甲壳虫汽车创作的一则文案中写道：

我，麦克斯韦尔·斯内弗尔，趁清醒时发布以下遗嘱：
给我那花钱如水的太太罗丝留下100美元和1本日历；
我的儿子罗德纳和维克多把我的每一枚5分币都花在时髦车和放荡女人身上，我给他们留下50美元的5分币；
我的生意合伙人多尔斯的座右铭是"花钱，花钱，花钱"，我什么也"不给，不给，不给"；

我其他的朋友和亲属从未理解1美元的价值，我留给他们1美元；

最后是我的侄子哈罗德，他常说"省1分钱等于挣1分钱"，还说"哇，麦克斯韦尔叔叔，买一辆甲壳虫肯定很划算"。

我决定把我1000亿美元的财产全部留给他！

通过一则幽默风趣的故事，威廉·伯恩巴克不但展示出甲壳虫汽车物美价廉的特性，还勾勒出一个明智、节俭的车主形象。即使是在今天，这则文案也显得有些剑走偏锋，但正是这种有锐度的文案故事，才能直击目标用户的内心，使他们在心里建立起甲壳虫汽车可爱又实用的差异化形象。

在所有文案中，能让读者印象深刻的一定是故事；而有锐度的故事，也可以赋予文案强大的穿透力，使读者的心理和情绪出现起伏，并紧跟故事节奏读下去，完全被你的故事所感染。

那我们怎样才能创作出这样的文案呢？

1 使用能吸引注意力的关键词

想让读者读你的故事，首先你要把读者吸引到你的故事上才行，写文案时也要有意识地塑造有锐度的故事感，使用一些能吸引读者注意力、引发读者共鸣的关键词，比如"逆袭""裸辞""天花板""格局炸裂""深挖××的秘密""拒绝摆烂""挑战全网""总结××踩过的所有坑"等。这些关键词就像是一根根小刺，对读者来说具有"扎眼"效果，让读者的目光不自觉地被吸引到你的故事上来。

2 与读者直接建立联系

很多时候，读者并不仅仅是想读故事、想看文案，他们更想要在故事中照见自己，他们想要你替他们说出那些想说的话。所以，想让文案故事更有锐度，你就要在故事与读者之间建立一定的联系。

比如，下面这个文案，很快就能让文案创作者与读者联结起来：

你身边有没有这种人，无论学什么都特别快，他是天生就聪明吗？

你的人生，有没有一旦下定决心，就没办法再回头的时候？

客单价从1000提到10000后，我却多卖了1000单。

有类似经历的读者看到这样的文案后，立刻就会被吸引住，接下来你再讲故事，读者不但会继续往下看，还希望从你的文案故事中找到他们想知道的答案。

3 故事要有转折点和进攻性

在传统媒体时代，大品牌可能会用一些辞藻优美、平铺直叙的文案来塑造品牌的文化与底蕴，但今天的新媒体读者普遍缺乏耐心，而且停留时间过短。这就要求你的故事不能再平铺直叙、缺乏转折。而有锐度的故事会不断通过转折创造新的认知缺口，使读者忍不住发问："接下来呢？"并迫不及待地想知道结局。

比如，小红书上有一篇上班族被老板画大饼的文案故事，是这样写的：

刚毕业来这里，我总是跟月亮一起回家。

在这家公司5年多，我经常见完客户再跟月亮一起回家。

最近，我发现跟我一起回家的那枚月亮变黄了，长大了。

原来那是老板画的大饼，快要成熟了。

这篇文案利用月亮与大饼都很圆的相似性，巧妙地写了一个幽默并带有讽刺意味的故事。一开始，故事发展还很正常，最后情节一转折，故事的意义马上发生了转变。这也使得文案故事变得有趣而别具一格，马上引起读者的共鸣，成为爆款的可能性也更大。

很多小说、电影、电视剧之所以吸引人，让人欲罢不能，始终保持着继续追下去的期待感，其根本原因就在于这些剧情都具有强烈的冲突转折。平平淡淡地展现，对读者来说就像一碗白汤面，索然无味，一个好的文案故事必须拥有人物、事件的冲突，以及情节上的转折，这样才能够充分调动起读者的好奇心，产生主动看下去的欲望。就像《罗辑思维》在分享如何创作好的故事时提到的那样："一个故事必须导向未知的悬念，有一定悬念才能吸引大家的兴趣一直看下去。"

 独特的情感表达，让读者"情"陷其中

在文案中，故事之所以能增强效果，就在于它本身是情绪的钩子，容易感染读者，让读者产生情绪投射，被所听、所见、所感打动，产生代入感。

人是一种情感丰富的生物，每天都会被各种情绪操纵和影响着。友情、亲情、爱情，甚至同情，都会对人们起着潜移默化的作用。如果我们能在文案的故事中加入情感因素，为其注入情绪力，往往可以让故事更动人。

比如，星巴克的一则公益广告活动"抬头行动"，文案是这样写的：

你是否觉得一些东西正在消失不见？你的朋友就在身边，但你却不知道他真正在想些什么；你的爱人就在身边，你仍然选择用手机交流；网络连接起了所有的事情，但为什么我们却感觉彼此之间如此之远？

抬头！是时候采取行动了，鼓励身边的人抬起头，并且珍惜身边的人，抬起头，寻找爱，不论在网络上还是在现实生活中，行动比语言的能量更大。

在这则文案中，星巴克强调快节奏的生活方式和高科技的移动设备让人们终日绷紧神经，埋头忙于工作，却忽视了与家人、朋友的交流。为此，星巴克鼓励人们用一杯咖啡的时间，让自己停下来，休息片刻，抬起头欣赏周围的风景，与最亲的人聊聊天，感受彼此的情感。

该行动发起后，短短五天时间，就有超过200万人加入其中，他们的行为被4亿人见证。通过这种方式，星巴克不露声色地宣传了自己的品牌，又展现了自己独一无二的品牌文化。

让文案的故事自带情感，吸引更多读者关注，并感同身受，不需要什么高深的写作技巧，一般来说，运用下面三种写法，你也可以写出富有情绪力的文案故事。

1 问题式写法

问题式写法的逻辑是先设问，让读者进入到文案创作者预先设定的思维模式中；接着再反问，引导读者产生回忆或联想，激发内心的情感，让故事的氛围进一步扩大；然后再追问，在一些不易察觉的、细小的触点上，或者是一些与内容表达有直接关联的地方，促使读者思考最后，创作者再给出解析。

经典的广告经得起时间的考验，二十多年前，某钻石广告就用到了这种提问式写法，直到现在仍有参考价值。这个广告像是一个爱情故事，一开头就用了一个设问："我们不是说好，要一起去看千禧年的第一道曙光吗？"接着，又开始讲感情里的错过："你缺席了。我们错过了一生只有一次，2000年送给我们的第一道阳光的感觉……"

故事快到结尾处才引出要推荐的产品：钻石。文案中写道："那天走在路上，看到你戴上我第一次情人节时送给你的裸钻，心里很激动。……我不知道你确切身高、你的喜好、你的尺寸，但我一直在店里找和你身形相似的店员。我挑了一条钻石项链请她戴上，想象你戴上时钻石垂落的高度，会不会正好对着我心跳的位置。这样我们在拥抱的时候，钻石就可以同时记住你的体温、我的心跳，传达我们意在不言中的感动。"

文案中运用了一种充满美感而又极具情调的问题式写法，呈现出了一段故事的过去与现在，既有想象的空间，又有强大的情感张力，让问题推动读者一步步了解故事背后想要表达的核心：一枚钻石所包含的深刻情意。

用这种方式讲故事，主要是让时光交错进行，从而带动读者跟随作者的思路前进，想要找到问题的答案，一直追溯到作者给出答案，读者才会产生豁然开朗之感。这时，不管文案最后推出的是什么样的产品或服务,读者都会很自然地认可和接受。

2 情感式写法

董宇辉在销售《藏在地图里的中国历史》这本书时,就讲了一段富有情感的故事,他说:"大概就在10天前,我们还在苦苦挣扎。那天晚上有1300人陪我聊天到天亮,我说我们是朋友对吗?我们能聊聊天吗?你们为什么睡不着?……"

故事的开头,一下子便将人带入其中,接着他又说:"当时我才知道,有那么多人在夜里,原来和我一样辗转难眠。有没考上研究生,还没有找到工作,在家里焦急的孩子;有期望在大城市打拼的孩子能回来看看自己的老人……"

读者只要认真听完这段故事,就会很容易被带入那个自己不曾去过、也没有看过的场景中。表面看,这段文案与董宇辉卖的书没什么关系,但历史就是讲述人的故事。董宇辉用了类比手法,从今天普通人的生活场景展开,接着联系到历史,并感慨道:"你我的故事终将化为一炬,但平凡的人会给我们最多感动。"

用这种方式在文案中讲故事,我们可以遵循"示弱、靠拢、融入"的步骤,将自己的情感表达出来,引导读者与自己的生活感同身受。这时,读者就会觉得作者很懂自己,原来他与自己一样,也有很多不如意。并且读者内心的善意也会被调动起来,愿意与作者一起"抱团取暖",认同和接纳作者推荐的产品或服务。

3 揭露式写法

揭露式写法的逻辑是先剖析人性的欲望,再努力改变人们心目中的固有思维,给予合理的美化,最后实现满足。

比如，被誉为"文案之神"的尼尔·法兰奇在给贝克啤酒创作的广告文案中，就充分运用了这一写法：

贝克啤酒是蛮横的、不公的、昂贵的。
生活本来就不公平。
在你年轻健康且富有魅力时，却穷得响叮当，所以姑娘们无视你。
当你慢慢变老、变富有之时，你也会变胖、变丑、变秃，姑娘们突然间又钟爱年轻的穷小子。
……
有钱人可以喝贝克啤酒，而且他们买得起，这确实让人非常气愤。特别是当你觉得应该就着热气腾腾的五香烟熏牛肉，喝一瓶冰爽怡人的贝克啤酒时，这更加令人火冒三丈。
到午餐时间了吗？想想，我等会儿出门喝杯贝克，管它多少钱！

这篇文案先揭露了贝克啤酒很贵，普通人想买又买不起，沿着这个逻辑，作者主动帮读者表达出了愤怒不满的情绪。为了淡化这种不满，作者还选择了几个现实问题来进行对比，证明这种愤怒不满是我们根本无力改变的。接着，文案又用吃牛肉喝啤酒的美妙感受激发读者内心的欲望，最后用一句"管它多少钱"实现情绪上的大转折，引导读者不要在意生活的不满，赶紧去喝一杯啤酒。

这种情绪表达法可谓是步步紧扣读者的情绪状态，从激发、引导到释放，促使读者跟着自己的思路一步步迈向最后的购买行为。

第五章
感染力：从"文采"到"情采"，引发共情

你的文案要比读者更懂他自己

在新媒体时代，读者的地位正在日渐提高。文案能够得到读者的喜爱、认可，并获得读者的主动传播，才算是真正的好文案。但有些时候，我们不但要知道读者的直接需求是什么，还要弄清读者的心理需求，只有这样，写出来的文案才能打动他们，通过满足他们的直接需求和心理需求来实现传播目标或销售目标。

简单来说，你创作的文案要比读者更懂他自己、更了解他自己，读者才容易被打动、被感染，并接受你在文案中传播的观点或推荐的产品。

那么，读者除了对某些产品或服务有直接需求之外，还有哪些更深层次的心理需求呢？

传播学认为，人的心理需求逃不出五种类型，分别为认知需求、情感发泄需求、自我整合需求、社会整合需求与炫耀需求。如果我

们所创作的文案能从满足读者五种需求入手，读者就比较容易产生"你很懂我"的感觉，对文案的接受程度也会增加。

1 认知需求

认知需求是人类需要和动机之一。泛指个体对事物的追寻、认知、了解的内在动力，如求知欲、好奇心等。

比如，苹果公司的"Think Different"广告。该文案巧妙地捕捉了目标受众对于创新、个性和自由的渴望，通过"向那些疯狂的家伙们致敬，他们特立独行，他们桀骜不驯，他们惹是生非"等富有感染力的词句，不仅激发了读者的情感共鸣，更在认知层面满足了他们对独特身份认同的追求。这种深层次的心理触动，使得文案不仅仅是产品宣传，而是一次文化宣言，一次对创新精神的颂扬，从而在互联网上形成了广泛传播和深远影响。

如果我们创作的文案也能满足读者的认知需求，那么得到读者的认同、分享和传播的概率也会增大。

2 情感发泄需求

虽然我们常说，人应该具备理性，但其实人却是一种情绪化的动物。如果你认真关注最近几年那些成功"刷屏"的文案和活动，就会发现，它们在某种程度上都在努力为人们的压力和情绪提供疏导口。

比如，在一篇《凌晨3点不回家：成年人的世界是你想不到的心酸》的文案中，就描写了一个个打工人加班到深夜的故事片段，其中有熬夜加班赶稿的职场实习生，有夹在甲方与领导之间"受气"

的职员，有家里孩子发高烧，自己却要守在岗位待命的急诊科护士长……这些加班到深夜的故事，总是与脆弱不期而遇，也总是能打动那些同样为生活拼搏的人们。

这样的文案内容，一方面会快速感染读者，让读者从中看到自己的影子，同时也为他们提供了一剂缓解和释放压力的安慰剂，让他们知道，自己不是一个人在奋斗，自己并不孤独，由此也可以让他们的情绪得到适当的舒缓。

3 自我整合需求

自我整合需求是指人们有提升自我认知度、可信度和身份地位的需求。

比如，现在有各种各样能力测试的文案，如中英文词汇测试、音乐测试、口语测试等，读者借助这些测试来展现自己知识的渊博，就是在满足自我整合的需求。

还有一些文案，标题中带有类似于"干货""深度""总结"等词语，也属于在满足读者自我整合的需求。一些读者看到这样的文案标题，往往不看全文就会直接转发分享。

4 社会整合需求

社会整合需求可以被认为是一种社交需求。我们在创作文案时，可以从一些能引起读者广泛讨论的生活点滴入手，如美食、情感、教育等，这类文案既能贴近读者的生活，又容易使读者在自己的朋友、家人、同事中进行转发交流。

5　炫耀需求

炫耀需求主要是想要展示自我的与众不同，或者通过展示自我品位来增加自己优越感的一种需求。

比如，网上经常会有一些花式炫耀"大法"：

有个漂亮女朋友，是一种怎样的体验？
做饭比饭店厨师做得还好吃，是一种怎样的体验？
月入百万，是一种怎样的体验？

这些话题不但容易引流，还很容易将读者快速带入其中。如果我们能从这些角度来进行文案创作，满足用户展示自我、"炫耀"自我的需求，也会大大提升文案的吸引力和感染力。

 运用对比手法，让情感表达更深刻

广告界大师罗瑟·瑞夫斯曾经为 M&M's 巧克力创作了一句经典文案："只溶在口，不溶在手。"其中，"只溶"与"不溶"，"口"与"手"，都形成了鲜明的对比，突出了这款巧克力首创糖衣包装的独特销售主张，成为流传半个多世纪的经典广告文案。

与此同时，对比还可以让原本平铺直叙的文案内容充满张力，从而更好地洞察读者心理，帮助读者表达情感与个性态度。

中国移动早年曾拍过一支讲述亲情的广告：

女儿给远在乡下的母亲买了一部手机，这样虽然她一年才能回家一次，但却能经常跟母亲通电话。有一次，女儿给母亲打了好几遍电话，母亲都没接，这让女儿十分着急和担心。过了许久，电话终于接通了，女儿赶紧追问母亲怎么了，原来母亲是出门忘了带手机。见女儿这么着急，母亲嗔怪地说："哎呀，离开手机就不能活了？"女儿回答说："不是离不开手机，是离不开您。"

在"离不开手机"与"离不开您"的对比之间，母女之间的亲情得到了体现和升华，这也是移动所传达的品牌理念。

很多时候，我们需要通过一些文案故事来传情达意，但故事所表达的情感往往是含蓄的，人的心理与动机也是隐蔽的。在这种情况下，就要学会运用对比手法，让情感表达得更加深刻、自然、感人。

通常来说，运用对比手法创作文案可以分为下面几种类型。

1 用户认知对比

创作这类文案的核心，就是要对用户进行深入观察，挖掘用户的一些被隐藏、被忽略的痛点，再利用新产品与旧产品问题的对比、自家产品优势与对手产品劣势的对比，让用户发现"原来这样""我早怎么没发现""你说得太对了，我就是这样"等，从而被你的文案所吸引和感染。

比如，有一个果蔬汁品牌，产品不添加任何防腐剂、保鲜剂、调色剂等。在文案创作上，该果汁品牌便提出了"HPP超高压灭菌技术VS传统超高温灭菌技术"的对比，并指出：传统果蔬汁采用高温灭菌技术，果蔬汁被"煮熟"，大量营养流失；而自己的品牌采用先进的HPP超高压灭菌技术，全程低温生产，保留了果蔬汁的生鲜口感和丰富营养。

把自己的"HPP超高压灭菌技术"通过对比的方式呈现出来，很容易就能让用户感受到新技术的产品更加新鲜、营养。这样一来，用户便对产品有了新的认知，该选择哪一款也就变得很清晰了。

■2■ 情感态度对比

这类对比文案通常有"从不喜欢到喜欢"，或者"从不爱到爱"，类似于情感转变的过程。

比如，网易严选有一款蝴蝶结钱包，它的文案是将一个功能性产品"钱包"赋予了情感的意义，并且与人的成长、成熟相关联。其中写道：

人生中加法是一种成长，
生活中加法是一种成熟，
它们都是生命中的两个轮毂。
两者皆不可缺，一如存钱与花钱，
看着钱夹中的纸币进进出出，
慢慢体会成长与成熟的滋味。

在这篇文案中，"加法"与"减法"、"成长"与"成熟"、"存钱"与"花钱"都是对比，通过这样的对比，引导读者的情感态度发生转变，使读者体会到，存钱与花钱就像是在体会人生的成长与成熟，两者都很重要、不可缺少。而与存钱、花钱有关的，就是拥有一个属于自己的钱包，由此将读者的注意力引到自己的产品上。

3 用户心理对比

由于理想与现实的差距,用户心理也经常有"想要、曾经、他人、预期"之间的比较。在洞察到用户的这些心理动机后,我们就可以在文案中构建"差距",形成对用户心理的冲击力,由此使用户受到影响和感染。

比如,很多人都对现状不满,这时,我们就可以通过某些文案帮助读者发现自己真正想要的是什么。此时,一个产品、一项服务的出现,就很容易影响读者,激发读者的消费行为。

淘宝一家商铺曾创作了一篇"出圈"文案,其中有一段是这样写的:

你写PPT的时候,阿拉斯加的鳕鱼正跃出水面;
你研究报表的时候,白马雪山的金丝猴刚好爬上树尖;
你挤进地铁的时候,西藏的山鹰一直盘旋云端;
你在会议中吵架的时候,尼泊尔的背包客一起端起酒杯坐在火堆旁。
……
出去走走才会发现,
外面有不一样的世界、不一样的你。

文案中相似的角度与结构,不同的主题和落脚点,都在营造"差距",使读者受到感染,继而产生突破当下的生活,出去走走,去看外面不一样的世界、不一样的自己的想法。

总之,有感染力的文案并不是用户购买产品后的说明书,而是与潜在用户接触时,使用户瞬间记住,并受到影响、产生共鸣,继而引发行动欲望的"催化剂"。能做到这一点,你的文案才算是成功的文案。

 用金句"识破"读者内心小情绪

说起金句,大家肯定觉得熟悉又陌生。那么,到底什么才是金句呢?

所谓金句,其实就是在一篇文章中能够起到"四两拨千斤"作用的句子。我们回忆一下,每次自己看完一本书、一部电影后,如果想发朋友圈,大多数时候会选择发书中或影片里的金句。

比如,韩寒的电影《后会无期》中就有一些让人印象深刻的金句:

听过这么多道理,依然过不好这一生。

我从小就是优,你让我怎么从良?

喜欢就是放肆,但爱是克制。

同样的道理,在创作文案时,与其写一大堆可有可无的废话,倒不如写几句简短有力的金句更令人印象深刻。金句是文案持续传播的要素,更是最有力的发酵剂,它所表达的观点一般比较深刻,能够戳中"要害",很容易引起读者共鸣,激发读者内心的情绪,增强文案感染力。因此,好的金句价值不菲,甚至一字千金,尤其在营销行业内更为重要。

有些人可能觉得,"好文易得,金句难求",不是每一个文案创作者都能轻易写出金句的,自己很可能也没有那样的才华。

如果你这样想,那就大错特错了。想要写出传播力强的金句确实需要一定的文学功力,但将文案打磨成金句也并非毫无"套路"可循。下面的三个技巧,就能助力你写出富有感染力的金句。

1 运用"1221句式"

所谓的"1221句式",就是在两个分句中,有两个词语重复出现,并且它们出现的位置是相反的。读者读到这样的句子,往往会感觉既有巧妙的押韵美,又有一定的哲思意味。比如:"哪有什么带刺的玫瑰,玫瑰本来就是刺。""我以为爱情可以填满人生的遗憾,却没想到制造遗憾的偏偏是爱情。""我们之所以这么拼,不是为了被世界看见,而是想看见整个世界。"

想要创作出"1221句式"的金句,首先要选出核心观点,并且这个观点要足够亮眼,才能瞬间击中读者内心。比如,"我以为爱情可以填满人生的遗憾,却没想到制造遗憾的偏偏是爱情",这一句的核心观点就是"制造遗憾的是爱情"。这个核心观点很快就会让一些读者联想到自己在爱情中的遗憾。

接着,要关注句型的核心,也就是前后句型要形成转折关系,或者前后句子的内容有对比和反差。同样是上一句话,前面一句"我以为爱情可以填满人生的遗憾",与后面的"却没想到制造遗憾的偏偏是爱情",就是两句前后有反差意味的内容。

运用这种方法,你很快就可以创造出一个金句。

2 运用"1223句式"

《小王子》中有这样两段话:

如果不去遍历世界,我们就不知道什么是我们精神与情感的寄托;但我们一旦遍历了世界,却发现我们再也无法回到那美好的地方去了。

当我们开始寻求,我们就已经失去;而我们不开始寻求,我们根本无法知道自己身边的一切是如此可贵。

在第一段话中,前面是"不去遍历世界……",后面是"一旦遍历了世界……",前后都有"遍历世界",这就是两个"1"。后面分别对应的核心句是"我们就不知道什么是我们精神与情感的寄托"与"我们再也无法回到那美好的地方去了",是两种意义不同的内容,这就是"2"和"3"。

同样,下一段话中,前面是"我们开始寻求"和"我们不开始寻求",都有"开始寻求",这是两个"1"。后面分别对应的是"我们就已经失去"和"我们根本无法知道自己身边的一切是如此可贵",仍然是具有对比反差意味的话,是句式中的"2"和"3"。

这一句式创作关键就是找到前后两句相同的成分,再通过核心词的对比反差来加强语气,从而表达情感和核心思想。并且对比反差的情绪越强烈,就越能触动人、感染人,情感流露也会越浓厚。

3 运用否定式

否定式就是先给出一个读者"理所当然"认同的常识,再对其进行否定或半否定,以此来引发读者更深层次的感触与思考。

比如,海明威在自己的小说中写过这样一句话:"这世界是个好地方,值得为它奋斗。我同意前半句。"

这句话先提出一个常识性的观点"这世界是个好地方,值得为它奋斗",但后一句却推翻了前一句,同时也提出了自己的观点。这样的写法既让读者感到意外,又会产生想要继续往下读、一探究竟的念头。

总之,文案中的金句应该是洞察力、思维锐度与文字游戏的完美结合。包含金句的文案不但新奇,还总能识破读者内心的小情绪,让读者感慨"你是懂我的",从而产生记忆点。下次再遇到相似的境况时,也能再度想起这些金句,进而提升对你的文案中推广的品牌和产品的兴趣与好感度。

 满屏都是"回忆杀",让人忍不住飙泪的文案

优秀的文案从来都不是一个人或几个人的狂欢,而是对整个读者或用户群体各方面需求洞察后所产生的一定的共鸣与认同。文案是有温度的,除了表达一定的观点外,还应该有一些情感或情绪在里面。那些爆款文案之所以能打动人,很重要的一点就在于与读者或用户群体形成共鸣,有种"心有灵犀"的相通性。

在创作文案时,除了要注意引发读者的共鸣外,还可以用唤起回忆的方式来吸引读者的目光。比如,当人们去看一场《火影忍者》的电影时,除了关注电影本身的内容外,更多的是想借助这样的场景回忆自己当初"追动漫"时的点点滴滴。所谓"睹物思情",说的就是这样的意思。

如果我们在创作文案时，也能在其中加入一些"回忆杀"元素的话，读者也会很容易被带入到过去的场景或某段回忆之中，进而产生强烈的共鸣情绪，甚至被深深感染，然后通过购买产品或服务来继续强化这种情绪。

比如，某品牌的羊毛盖毯就曾推出这样一则广告文案：

小时候在沙发上躺着看电视，
妈妈总是细心地给一张毯子，
"不要着凉"，成为漫漫人生路上，
想想就感动的关爱话。
一张细腻柔软的盖毯，陪着你，
春夏秋冬，都能感受到妈妈的温暖。

这个文案就为这款羊毛盖毯添加上了回忆中的场景："小时候""妈妈""不要着凉"……立刻就将读者带回到自己记忆中小时候的场景。即便读者小时候没有经历过妈妈给自己盖毯子这件事，也会想到其他场景，比如妈妈提醒自己"天冷了，要多加衣服"，妈妈给自己做的一顿好吃的饭菜等，这些都能快速唤起读者对童年的记忆。当读者与文字形成共鸣时，这条盖毯就不再是单纯的一张图片展示或文案介绍，而是形成了画面，在读者脑中产生了各种各样的故事情节，并且会深深地感染读者，让他们产生购买的欲望。

如果想用"回忆杀"的方式来写文案，想要有效感染读者，可以从下面四个角度入手。

1 融物于景

2015年,小米发布了一款"彩色五号"电池,并配合"人人都舍不得用,用了又舍不得扔"的文案标题作为宣传突破口,收获了一波"粉丝"。而南孚也不甘落后,不仅推出了炫彩电池,还为不同的电池配上了不同的文案。

比如,紫色电池的文案是:"遥控器里的南孚还没换,我却换了三个陪我看电视的人。"

粉色电池的文案是:"去年的游泳圈,今年的马甲线,体重秤里的南孚,却一直没变。"

南孚电池的广告文案就属于融物于景,把产品融入现实生活的某个场景之中,读者在看到这些与场景有关的文案时,脑海中就会回忆起自己经历过的相同的情景,从而将自己带入其中,进而对产品生出"好怀念"或熟悉的感觉,消除了与产品之间的陌生感。

2 融物于话

融物于话是把产品融入文案中的语言或对话之中,以产品与读者互动的方式,引发读者对产品的关注。

南方黑芝麻糊推出的经典"叫卖"广告,片尾便沿用了当年的"一股浓香,一缕温暖"的文案语,"黑芝麻糊哎——"的叫声一响起,就勾起了众多80后、90后的儿时记忆。通过这一系列的宣传,南方黑芝麻糊的品牌得到了更加广泛的传播。

3 融物于伤

这种方式是将一些感伤的情绪注入到产品当中,引起读者共鸣。

比如，当我们回到故乡，看到熟悉街道的变化，就会生出追忆往昔的情感；当我们的年龄不断增长，就会生出岁月不饶人的悲伤。

一些房地产的文案就属于这一种。有一则房地产的文案就写道："别让这座城市留下你的青春，却留不住你。"

乍一看这则文案，内心就会产生一些感伤，会回忆起自己曾经在这座城市打拼的点点滴滴。为了能把自己的"青春"也留在这座城市，用户就可能会产生购买房子的欲望。

人们总是对自己的成长过程记忆深刻，如果你的文案可以勾起人们心底的回忆，那么你的文案也会是一篇很好的文案。而好的文案总是能成为产品或服务与消费者之间的通道，让企业的产品形象如发芽的树根一样，牢牢地根植在消费者内心深处。

用有哲理的文字引发读者共鸣

我们都读过一些比较有哲理的文字，有时候也会在不经意间被这样的文字所触动，甚至引发深深的思考，或者刷新我们以往的认知。如果你的文案中能有这样的文字，不但能引起读者的阅读兴趣，还很容易感染读者，让读者产生某种感受，或者引发共鸣，使读者更加乐于传播。

蒙牛为了鼓励参加高考的学子们，从前几年起，便在高考到来之际推出"高考押题奶"，将高考模拟题和品牌对考生的鼓励都印在产品外包装上，借助和学科有关的人生哲理，给即将面临高考的学子们加油打气。

比如，有一年的数学"押题奶"包装上，除了一道高考模拟题外，

还有这样一句文案:

在 X 坚持一下,
就会在 Y 进步一点,
这叫"要强"函数的单调递增。

这句文案就是运用了函数中的 X 符号和 Y 符号来表达努力与进步的关系,鼓励孩子们多努力一点,就会多进步一点,蕴含了简单却深刻的人生哲理。

再比如,"爱慕"内衣有一句文案写道:

履历写不下的人生,叫作经历。

这句文案虽然只有短短的几个字,但却提出了一个新的宣传注重点,即"美是可以用经历创造的"。现如今,我们见过太多激烈的身体宣言,诸如"要瘦""要保持体态"等,很容易让读者产生焦虑。而"爱慕"却反其道行之,宣传女性用经历塑造属于自己的"美",与当下女性营销刻意制造的锋芒态度形成了差异化,也让女性打破以往的认知,重新看到了自己另一面的"美"。

这样的文案通常都很精彩,很容易引起读者的共鸣与思考。在创作过程中,我们可以试试下面的三种方法。

1 用问句使读者产生疑问

疑问是很容易引发人们思考的,比如,有一个暖风机文案的开头是这样写的:

问你一个问题：

当你冻得双脚冰凉，忍不住发抖时，

你用什么温暖自己？

一个简短有力的问句，立刻就会让读者开始思考这样的场景，紧接着，读者会自己给出一个完美的解决方案。这种写法既能吸引读者注意力，又不会显得太生硬。

再比如下面这段文案：

不是你不漂亮，更不是你不优秀，却为什么被她抢走了爱情？

因为人们爱上的，往往都是与他们相似的人，或是他们曾经的那种人，或是他们想要成为的那种人。

他不是对的人，你无需抱怨。

文案中的设问句往往会让读者在问题处慢下来，思考自己的答案。不管他的答案是什么，都会让他对这个问题产生深刻的思考和共鸣，加深对问题的认识。

2 用道理使读者受到启发

我们在武侠小说中经常能看到这样的桥段：主角受到别人一句话或一个动作的启发，突然灵光一闪，顿悟了某种自己很久都没有参透的谜题。这种顿悟，就是受到启发后有所思考并有所得的结果。

精彩的文案也可以给读者带来启发，比如，珀莱雅美妆有一则文案写道:"性别不是边界线,偏见才是。"这句话就想告诉读者,在定义"男人"或"女人"之前,我们首先是"人"。"女性化"从来都不应该是个贬义词,美好的品质也从来不分性别。这样的文案一读起来,立刻就会受到触动。

在"520"期间,珀莱雅美妆还推出了一个短片,其中有一句文案是这样的:

敢爱,是爱情里最大的冒险;
敢不爱,是爱情里最大的自由。

对于每个人来说,爱情都不是人生的必需品,学会爱他人,但也要学会爱自己,学会有勇气坦然面对爱情与失去,这才是更重要的东西。当你敢爱,也敢不爱,才是真正为自己而爱。

相信这样富有哲理的文案,一定会触动很多读者。

3 一句话震撼人心

如果一句话能让人从内心感到震撼,突然意识到某些东西一直以来被忽视了,需要重新审视和思考,那么这句话一定会是一句好文案。

比如,一家娱乐公司在北京三里屯街头放置了一系列以"不理解"为主题的广告牌,以讲段子的方式吐槽生活、职场中的各种不被理解的情况。如下面这句:

我的时间,非常值钱。

但都被老板按批发价采购了。

相信很多人看到这句文案,都会立刻想到自己在职场中不被理解、不被重视的遭遇。这说明,文案戳中了当代年轻人自己的时间在公司、在老板眼中根本不值钱的痛点。

再比如,"知乎"高考广告片的文案是这样写的:

过来人的答案,不一定是标准答案。
但是过来人的答案,一定可以带你找到你的答案。

刚刚毕业的高中生、大学生,总是希望从那些"过来人"身上寻找自己人生的答案。但是,"过来人"的答案不见得是对的,也不见得是适合你的,但他们的经验却可以更好地指引你。

这些文案虽然篇幅都不长,有的甚至只有短短的几个字,却都带有一定的哲理性,能够引人思考并有所感悟。

 情怀,打造爆款文案的杀手锏

想要打造爆款文案并非易事,不但需要你具有多年积累的创作经验,还要有超高的情商,再凭借对人性各方面的领悟,同时结合商家所需要的元素,才能打造出能够真正感染人、打动人,甚至能够改变读者想法的文案。

比如,下面是支付宝10周年的《账单日记》宣传片,其中的文案是这样写的:

2004年,毕业了,新开始。

支付宝最大的支出是职业装,现在看起来真的很装。

2006年,3次相亲失败,3次支付宝退款成功。

慢慢明白,恋爱跟酒量一样,都需要练习。

2009年,12%的支出是电影票,都是两张连号。

全年水电费有人代付。

2012年,看到26笔手机支付账单,就知道忘带了26次钱包,点了26次深夜加班餐。

2013年,数学23分的我,终于学会理财了。谢谢啊,余额宝。

2014年4月29日,收到一笔情感转账,是他上交的第一个月生活费。

每一份账单,都是你的日记。

10年,3亿人的账单算得清;美好的改变,算不清。

支付宝10年,知托付。

在这则宣传片文案中,包含了10年的经历、成长、回忆等,充满了浓浓的情怀感,让人忍不住也开始回忆自己10年来所经历的点点滴滴。

这就是为文案注入了情怀,也为产品注入了情感,并以此建立起与其他品牌或产品不同的差异化壁垒。而这种基于情感色彩的文案内容,也最容易感染读者,触动读者的内心世界,并引起共鸣。

那么,我们怎样才能写好富有情怀的文案呢?

1 将自己当成目标读者

优秀的文案需要有精准的目标群体，这一目标群体也要有自己的特点，最好能具体到他们的性格、习惯、价值观，甚至具体到衣食住行、吃喝玩乐等上面。必要的时候，还要精准到某一个富有典型的人。只有这样，才能找到目标读者真正的内心需求，继而投其所好，写出符合对方胃口的文案。

想达到上面的目标，我们就要把自己当成是那个具体的目标读者，想象如果是自己，会被什么样的文案打动。简单来说，就是学会换位思考，如此才能更好地创作出具有情怀、能打动读者的文案。

2 从产品的功能需求上升到情感需求

功能需求类的文案总是很容易被同类产品替代，而情感需求类则会扎根于读者心里。如果一篇文案只是干巴巴地讲产品功能，是很难感染读者的。所以，就算是你要在文案中介绍产品功能，也要结合情感来进行描述。

比如，有一款沙发床的文案写道：

沙发床不喜欢晚睡早起，
你总是睡得很晚，
让沙发床疲惫不堪。
满地的书籍让沙发床无处落脚，
更别说抻一抻它的懒腰。
虽然沙发床的腰总是打弯，

但是它仍然喜欢，

窥探你留在沙发床上的文字。

这篇文案运用了拟人化的口吻，使沙发床这个产品像极了一个懂你的作息习惯、懂你的兴趣爱好的室友。但同时，文案中也描述了沙发床的功能特点，如良好的弹性。而在展现功能的同时，也从细节和文字中流露出满满的温馨，让产品因此而有了温度、有了感情。

3 让读者产生深深的沉浸感

说起富有情怀的文案，一定不能忽略了"江小白"，它的文案往往比较简短，但却能洞察年轻人内心的声音，让读者读到它的文案时，总是不自觉地受到触发，沉浸其中。

比如："世界很大，有你不怕。"表现了酒可以为人壮胆，醉酒的人会做出平时根本不敢做的事情来。很多人应该都有过这样的经历，如趁酒醉向喜欢的女生表白。所以看到这句文案，读者往往也会将自己带入其中。

情怀在心，文字也能煽动人心。18世纪法国唯物主义哲学家、美学家、文学家狄德罗曾说："没有感情这个品质，任何笔调都不可能打动人心。"而在文案中加入情怀，就能使其表现的感染力更强。那些触手可及的平淡生活，总是能引起人们的共鸣，也让人们在平凡中看到感动，在美好中读到深情。不论你的文案是长是短，只要读者能读懂、能被感染，并愿意为之买单，你的文案就是成功的。

下篇

成交策略篇

——带你卖出超火爆的产品

第六章
痛点刺激：深挖客户信息，直击客户"最痛处"

 客户消费的两个出发点

我们大多数人，所有行为的动机只有两个：逃避痛苦和追求快乐。人们的消费行为主要也源于这两个出发点。比如我们买书，有可能是因为我们喜欢某类书，喜欢阅读的快乐，但也可能是因为工作或学习中需要用到书中的知识，而自己不会，不得不买书学习。如果学不会，要么被扣工资，要么被炒鱿鱼，这就是通过买书来逃避痛苦。

在营销心理学中，人们带着逃避痛苦的心态去选择一个事物的动力，要远远大于因为追求快乐而去选择一个事物的动力。

比如说，我们想减肥，一方面是为了让自己更美，能够获得身边同事、亲友羡慕的目光。但如果因为肥胖，我们经常被身边的同事、朋友嘲笑，甚至因为自己的肥胖问题而影响了工作业绩，这时我们就会非常痛苦，于是下定决心，要在两个月、三个月内瘦下来。

相比之下，后一种减肥的动力明显大于前者。

了解了人们的这一心理动机，在创作销售文案，或者进行销售活动时，我们就可以从帮助客户摆脱痛苦和追求快乐两个方面进行。

1 帮助客户摆脱痛苦

面对痛苦，任何人都不会听之任之，一定会想方设法缓解自己的痛苦。通常来说，当人们感到明显的痛苦时，都会产生一种需求，就是迫切地希望能出现一种产品或服务，可以帮助自己解决这一痛苦。甚至大部分的客户有消费行为时，都不是因为你的产品多好而买单，而是发现自己有一个问题，必须通过你的产品来解决，然后才会心甘情愿地买单。

这就提醒我们，在销售活动中，不要一味地引导客户只关注自己产品或服务的优点，不妨引导客户去关注和发现自己的痛点，而你刚好有"止痛药"。你希望与潜在客户快速成交，也不要说你这里能为他们省多少钱，提供多少优质的产品或服务，而是说由于对方没有在你这里消费，多花了多少冤枉钱、多加了多少班、少看了多少场电影。

客户只有为了减少痛苦、减少损失时，才会对相关"止痛药"的需求更加强烈，也更容易与你成交。

2 帮助客户追求快乐

当人们已经习惯了既定的生活方式，并接受了现在的产品和服务，而这些产品和服务又能满足他们的基本需求时，客户就没有明显的痛苦和不适感，消费欲望也会降低。

比如，低配置的手机可以满足人们日常通信、娱乐的需求，如果你给他们推荐配置较高的手机，他们可能并不接受。但是，高配手机在满足用户基本需求之外，还会让他们产生更多的满足感、愉悦感，这就是典型的追求快乐的需求。这种需求也是"极致产品或服务"之于"普通产品或服务"而激发出来的需求。

要激发客户追求快乐的需求，使客户更愿意为你的产品或服务买单，你就要帮助客户增加追求快乐的动力，让客户通过消费增加成就感、荣誉感、自信心等。

比如，在一家商店中，一对夫妇对一个标价 10 万元的翡翠戒指很感兴趣。售货员对这个戒指做了简单介绍后，又提道：某国总统夫人也曾对它爱不释手，只是觉得价格太贵才没有买。这对夫妇听完后，欣然购买。

不论是逃避痛苦还是追求快乐，客户的消费动机都不尽相同，有讲究"实惠"的，有追求"奇特"的，也有出于"炫耀""争强好胜"的。显然，在这个销售员的"刺激"下，这对夫妇想以此来表明自己是比总统夫人更加阔气的人。

总之，要刺激客户的购买动机，达成交易，就要找准客户的痛点，激发客户的消费需求。否则的话，可能会弄巧成拙，甚至引起客户厌烦。

痛点存在于原始需求中

根据经济学原理，人们每次花钱，每次为自己购买的产品支付时，都会有剧烈的痛感。但在这个过程中，也会有很多因素影响人们花钱时的痛感程度。比如，你找到了客户的痛点，特别是"隐性痛点"，也就是痛点背后的原因，再放大这些痛点，让客户认定这些痛点是现在必须解决的，而你的解决方案恰好能帮对方解决痛点，并且其后为他们带来的收益也会远大于他们购买产品所付出的成本，客户就愿意在你的引导下痛快下单，达成交易。

听起来不难，但要做到这点并不容易，有时哪怕你发现了客户痛点，也提出了有效解决方案，并让客户知道收益会远大于成本，客户也不一定会下单。因为对于客户来说，购买产品、付出成本意味着要花钱，这是件很痛苦的事，于是拒绝便成了一种本能。尤其当客户对自己的痛点还能忍受，或者当前痛点所带来的痛苦要小于花钱购买产品所带来的痛苦时，他们的选择就是拒绝。

想让客户在花钱时不感到痛苦，并且心甘情愿，我们就要深挖客户本身存在且给客户带来足够痛苦的痛点。同时，你还要让客户知道，这种痛苦要比他们花钱购买产品带来的痛苦更大。人们都有趋利避害、逃避痛苦的心理，如果你能挖掘出客户的这种心理，成交的概率就会大大增加。

实际上，每一种产品都有自己特定的目标消费群体，不管是在创作文案，还是在销售产品时，我们都要根据产品特点来寻找更有消费欲望的人群，然后挖掘他们的原始需求，并放大他们的痛点，同时还要让他们知道使用产品后所能获得的效果。

通常来说，客户的痛点主要是生理痛点、心理痛点、情感痛点和社交痛点这四种。

1 生理痛点

有的人觉得自己的身高不够高、身材不够好、皮肤不够白皙、头发不够浓密等，这些就属于生理痛点。

在销售时，结合产品性能去深挖客户的生理痛点。比如，在销售护肤产品时，由于护肤产品的品类比较广泛，常见的有面霜、面膜、保湿乳、精油、粉底，还有控油产品、祛痘产品、美白产品、祛斑产品等，在挖掘客户痛点时，就要从所有产品的类型和功能入手。

举个例子，在销售面膜时，我们不但要清楚面膜的功效，还要清楚它有哪些具体的卖点，这样在介绍产品或与客户互动时，就可以把重点放在面膜的具体卖点上。如果产品属于中高端产品，价格也偏高，就可以从产品的质量方面来挖掘客户痛点，让客户意识到这款产品"物超所值"，价格差异就是质量差异的体现。

某直播间在销售粉底液时，主播就很会挖掘客户痛点："咱们的这款粉底液非常适合爱出油的女生，一整天下来，你再也不会油光满面了。最重要的是，这款粉底不易脱妆哦！持续 8 小时都没有问题，你也不用再担心早晨画得美美的妆不到中午就花掉了，是不是很超值？"

这样直接针对生理痛点提供解决方案，客户也更愿意下单购买。

2 心理痛点

每个人都有自己感觉不完美的地方，比如有的人觉得自己不够漂亮；有的人觉得自己生活不够幸福；有的人觉得自己为别人付出太多，内心想要"补偿"自己；有的人想要比别人生活得更好；等等。这些都属于人们的心理痛点。

在销售时，如果我们的产品主打能让对方变美、变漂亮，或者带给对方其他直观的价值感，或是满足对方自我补偿心理优越心理等，都可以戳中客户的心理痛点，让我们的产品在客户眼中具有了明显优势。

3 情感痛点

虽然一部分客户会为了解决自己的生理痛点花钱，但大部分人的痛点并不是在肉体上，而是在心理上或情感上，尤其情感更是客户较高层次的追求。客户花钱购买一件产品，买的不仅仅是它的物理属性，更重要的是它的精神属性。客户期待借助产品来表达或展现自己，比如身份象征、价值观体现、情感表达等。

针对这一需求，我们也可以挖掘客户的情感痛点，使客户与产品产生共情，继而痛快下单。

4 社交痛点

人都有社交的需求，但如果在社交时遭遇一些被嫌弃、被嘲笑的尴尬，就会感到很痛苦。如果我们在推荐产品时，能够指明帮助客户解决这一痛点的方法，客户也会产生兴趣，并愿意花钱解决自己的这一痛点。

当我们挖掘出客户的这些痛点，并把痛点放大之后，客户就会感觉更加痛苦。为了减轻或逃离痛苦，客户就会考虑付出一定的成本，所以接下来你再推荐能让他们远离痛苦的产品或服务时，客户掏钱的意愿也会更高。

我不够健康：挖掘客户的生理痛点

生理痛点是指那些让客户生理上感到不适、苦恼，并且迫切希望可以获得改善或解决的问题点。比如：浑身过敏，红肿、瘙痒不止，这些就是急需解决的问题，否则就可能影响正常的生活和工作。所以，有的药品就推出帮助客户解决痛点的营销话术，如"过敏一粒就舒坦"。

再比如，很多女性都遭受过月经期间心情烦躁、痛经等问题的困扰，针对女性月经期间各类问题的固体饮料"姨夫茶"，打出的口号就是"解放你的'大姨妈'"。其中的"解放"既是对女性生理疼痛的解放，也是心理情绪的释放。这两个点就准确地抓住了女性生理期不可明说的痛点。

由此可见，想让客户自愿下单，就一定要快速、准确地找到并放大客户的生理痛点，再结合自己的产品或服务，为客户提供能治愈痛苦的方法。这样你才有可能打造出爆品。

1 让客户最"痛"的生理痛点

与客户有关的生理痛点主要包括各种肌肤问题、脱发问题，以及身材矮小、肥胖、有某种疾病等，这些无疑都会让人感到痛苦。

但需要注意的是，对一部分人来说，这些痛点可能并不足以让他们马上去解决，比如可能不会刻意去增高，或者一定要去减肥，或者某种疾病不影响正常生活的话，也不一定会去治疗。换句话说，消除这些痛点可能并不是客户的刚性需求，充其量只是一种潜在需求。

但是，这不意味着就没办法把产品卖给这部分目标群体。我们可以根据自己所卖的产品的特点深挖客户痛点，甚至有意识地放大这些痛点，增加客户的"痛感"，促使客户下单。

2 用引导性问题放大痛点

所谓引导式问题，就是指提问内容包含了提问者对事件的解释与想法的问题。比如，你打算卖减肥减脂产品，就可以根据自己产品的特性来提一些问题，如：

"肥胖会不会带来很多健康问题？"（肥胖者容易患高血压、高血脂等疾病）

"肥胖会不会影响到家庭生活？"（肥胖会影响到夫妻感情）

"肥胖会不会影响到你的事业？"（很多岗位不适合肥胖者就职）

"肥胖会不会影响到你的自信心？"（肥胖者在社交中容易缺乏自信心）

……

这里要注意一点，你提出的问题一定要是客观存在的，不能随意编造，否则会让客户怀疑你的专业度。而且这些问题最好是客户内心已经意识到、但没有太关注的，你要做的就是把客户意识到的问题通过提问的方式挖掘并直接呈现出来，倒逼客户去直面这些问题，并且深刻地意识到这些问题的严重性。只有当客户意识到这些问题对自己的严重影响时，他们才会急切地想要寻找解决方案，这时，你再适时地推出自己的产品或服务，客户才比较容易下单购买。

不被人喜欢怎么办：挖掘客户的心理痛点

不论是平台销售人员，还是线下销售人员，都有过这样的经历：

当向客户推销产品时,客户表现得很有兴趣,但谈到付款成交时,他们要么直接离开,要么就喜欢"打太极",跟你说"等我需要的时候联系你"或者"我再考虑考虑"。

其实,客户之所以拖延,通常是因为没有树立起坚定的购买决心,原因有两点:一是觉得产品不错,对产品有兴趣,但感觉不是必需品,至少不是当前的必需品;另一点就是对产品有需求,但还存有质疑,不想马上购买。这类客户经过一段时间思考后,才会最终做出买或不买的决定。

面对这两类客户,我们就需要运用一些"心理战术",其中最有效的一种"心理战术"便是挖掘出让客户感到"心痛"的点,也就是心理痛点。

1 挖掘并尝试解决客户的心理痛点

一个人的身上哪里最敏感?创伤最敏感。如果你用短短几句就触动了对方,那可能说明你的话语刚好触到了对方的伤口处。但这还不是最终目的,最终目的应该是帮助对方治愈创伤。当客户相信你的产品或服务能够治愈他的创伤时,他自然就会下单购买。

比如,有头发问题的人,可能会有下面这些心理痛点:

感觉头发洗不干净,经常油腻腻,真怕遭到女朋友嫌弃;

洗完后头发毛糙干枯,爱起电,就像梅超风,让自己看起来又憔悴又没精神;

刚洗完头一天,就头皮屑乱飞,面试时好尴尬;

掉发越来越严重,头皮都快露出来了,被老公吐槽"脱发精",

嫌弃的目光时不时飘过来；

……

以上这些问题，不管是男性还是女性，都会遇到其中的一个或多个，而这些问题也确实给他们带来很多心理上的负面影响，让他们觉得自己是不被人喜欢的。在文案创作和销售时，我们就可以根据自己产品的特点、功效、作用等，来帮助客户解决这些心理痛点。

2 挖掘客户忽略的问题和隐患

如果我们把客户的痛点放大并展现出来，尤其是把那些客户平时忽略的问题和隐患挖掘出来，就会让客户感受到自己"伤口"的剧痛。这不但不会引起客户反感，反而会让客户认为你很懂他，继而对你产生信任感。这时，如果你的产品可以帮助客户解决"剧痛"，客户就会毫不犹豫地下单。

比如，某主播曾在直播间卖过一款具有控油功效的洗发水。在介绍产品时，某主播说，自己每天都要洗头，头非常油，用了各种洗发水都无效。后来才知道，头发非常油的人是因为头上有螨虫。

"头上有螨虫"，这个痛点一提出来，立刻就会引起客户注意。因为很多人都遇到过这一问题，应对方法就是频繁地洗头，试图洗掉多余的油脂。但大家没想到，这可能是螨虫在作祟。更严重的是，一想到自己的头上可能有很多螨虫生活着，心理的不适感立刻就会出现，客户也会急切地想知道该怎么除掉螨虫。

接下来，就是你提出解决方案、引入产品的时候了。但这里要注意的一点，在推荐产品前，我们一定要先引入概念，比如什么是螨虫，螨虫在头皮上会引发哪些问题，会造成哪些危害等，这是在进一步加重客户的"剧痛"。然后再提出解决方案，推荐自己的产品，客户就会更容易接受。

在做好铺垫后，该主播便拿出产品介绍说："这款洗发水含有氨基酸小分子清洁成分，能深入皮肤去屑控油，改善头皮的油脂分泌，并且还有一股男生女生都不会拒绝的香味。……对于很多人头皮出油、瘙痒、长小红痘痘等有明显效果，非常适合头发出油量大的朋友，让你终于可以摆脱'大油头'的烦恼了。"

找出客户忽略的问题，层层推进，客户就更容易被说服，也更愿意接受你推荐的产品。

 情感尽藏心底：挖掘客户的情感痛点

每个人都渴望拥有美好的亲情、友情和爱情，希望得到家人、朋友、伴侣的理解和尊重，在各种情感当中收获幸福、感动和喜悦。但是，有一部分人虽然渴望这些美好的情感，却无法体验，这时就希望借助一些产品来满足自己的情感需求。

比如，董宇辉有一次在直播间售卖大虾时，没有直接讲自己卖的产品大虾质量多好、肉质多鲜美，而是讲了一段自己与妈妈的故事。2018年的一天，董妈妈从老家到董宇辉工作的城市西安去看望他，那时董宇辉特别忙，每天早出晚归，几乎和妈妈见不到面。妈妈走后，有一天，董宇辉很晚才回家，感到很饿，就打开冰箱准备找点方便面吃。一打开冰箱，发现里面叠放着整整齐齐的几排饺子，并且包的都是他最爱吃的馅料。那一刻，董宇辉感到很惭愧，但也很幸福。

在整个过程中，董宇辉都没有宣传大虾，只是偶尔用手提起来在镜头前晃几下，也没有说这大虾有多优惠、多好，只是说妈妈给他包的饺子，让他很感动；说自己太忙了，都没有好好陪伴来看自己的妈妈；但你只要努力，你想要遇见的人和风景，终将会出现……

结果，很多网友纷纷直呼："太感人了！我们不仅要买董老师卖的大虾，还要打电话给妈妈，想妈妈了……""我们买下的是大虾，也是情怀，是对生活的深刻理解，是对人世间情感的不舍，是与董老师的感同身受。"

董宇辉直播的文案就是准确而完美地挖掘了客户的情感痛点。表面看，他卖的产品似乎与人的情感没有太大关联，但他却能从情感方面入手，去触动客户内心深处最敏感的那个"痛点"，比如无法陪伴的家人、自己儿时的记忆、自己努力的过往等。很多人看完他的直播后，都会被勾起内心深处最敏感的记忆，因而也会马上产生共情，想要立刻下单去支持他。

哈佛大学曾对消费者的购买行为进行分析，结果表明：消费者在做出购买决策时，有高达84%的购买决策都是根据情感做出的，只有16%的购买决策是根据逻辑和理智做出的。

这点不难理解，因为人本身就是一种情感复杂的生物，情绪对人们作出的各种决策都有着非常重要的影响。渴望被认同、被重视、被崇拜，渴望表达自己的情感，渴望更高的荣誉和地位，这些都是人的本能。所以在销售过程中，我们可以通过各种文案来触动客户的情感痛点，满足客户的情感需求，促成交易。

董宇辉在卖货时，不同的产品对应的文案也都是不同的。卖大米时,他不说大米多好,而是说,卖米并非本意,自己只是在说三餐四季、人间烟火。

卖冰淇淋时,他不说冰淇淋多甜美,而是说起了儿时的夏天,母亲给自己送来的那根快要融化的冰棒。

卖鲥鱼时,他不说鲥鱼多新鲜、多营养,而是说鲥鱼是世界上最浪漫的生物,被网扑住它不动。它像美人一样珍惜自己的样貌,它动的时候鳞片会掉下来。鲥鱼要浪漫至死,要宁愿被你吃了,也不愿意掉下鳞片。

卖《苏东坡传》,他不说这本书纸张多好、多便宜,而是说:"后来我遇见很多个人,都不像你;我听说过很多的故事,都不如你;我吃过很多种饭,都不如你的手艺……"

这些文案任何一句单拿出来,都可能会说到客户的心里,戳到客户的情感痛点。这时客户再下单几乎不考虑价格,甚至不考虑质量,只为了满足自己的那一份情感需求。事实上,现在很多产品在销售时都不是为了满足客户的刚需,而是为了满足客户的情感需求。董宇辉就善于抓住客户的这种心理,打开感性开关,让他们瞬间变成了消费者。

你愿意被人忽视吗:挖掘客户的社交痛点

人人都有社交的需求,但也正因为社交的存在,人们又会不可避免地遇到各种各样的问题和烦恼,比如被人忽视、不被认同、不够自信,或者遭人嫌弃、被亲人冷落等。在这种情况下,人们又会迫切地希望能找到解决方案,或者是能让自己被人重视、被人尊敬、变得自信的方法或产品等。

针对人们的这种需求，我们在文案创作和销售产品时，就可以深挖客户在社交过程中的各种痛点。

比如，在一个销售除臭喷雾的直播间里，主播在提到"身上或脚上有异味，可能会引起身边的人反感"这个痛点后，就通过一个故事放大了痛点：

我刚毕业的时候，曾在一家大型公司上班，领导也比较赏识我。

有一次，领导带我去一家会所拜访客户。到了人家那个会所，进去都要换鞋子。那时也没钱嘛，平时都是省吃俭用，卫生做得就不太好，一脱鞋，一股奇异的味道从脚底下瞬间升上来了，我那个尴尬啊！好在客户挺有风度，也没说什么，只是从那后，领导再也不带我出去了。就因为这样一个小小的问题，让我错失了很多机会，直到后来离职。

通过这样一个故事，主播就把一个很多人都容易忽略的问题，说成了一个会影响社交、影响工作，甚至影响未来发展的大问题。听完这个故事，大家自然就会联想到自己身上，如果自己也存在同样的问题，会不会也影响正常的社交，甚至影响工作呢？

为了不让发生在主播身上的事情也发生在自己身上，惹别人反感，影响工作和人际关系，就要尽快想办法解决。这时，你就戳中了对方的社交痛点。

再比如，在社交活动中，人们都希望自己能获得别人的认可和赞美。针对这一社交需求，我们也可以通过深挖痛点有效地触动客户的内心需求。

比如说,你平时穿的衣服价位大概在两三百元,而你的朋友、同事、领导穿的衣服一件都要上千元,这时,你在周围人当中可能就显得格格不入。大家觉得你和他们不是一个消费层级的,有什么活动也不想带你。领导也感觉你气质欠佳,不愿意对你委以重任。显然,你在社交中被孤立了。

有一天,你去逛街时,看到一件衣服很不错,试穿一下,也很合适。一问价格,要两千多,你感觉太贵了,跟自己的消费水平有差距。但这时销售员告诉你,你穿上这身衣服很有气质、很显身份,可以得到身边人的称赞,说你很有品位。在工作中,领导也觉得你眼光好、品位好,愿意对你进行培养。慢慢地,身边的人就会尊重你、重视你。

听到销售员这样说,你会不会愿意花点钱尝试一下呢?

随着人们生活质量的提升,相对于对物质产品的需求,更多的消费者群体会越来越注重精神方面的需求。从产品角度而言,产品功能差异化不明显,市场替代品众多,消费者选择产品往往很盲目,这时,如果你的产品能够为客户带来优良的体验和精神的满足,通常都会比较容易地获得客户的青睐。而有调研数据显示,有超过七成的消费者,其主要的消费诉求都为社交需求,也就是满足日常社交的需要。

因此,不论是创作销售文案,还是直接参与销售过程,我们都可以通过深挖并放大客户的社交痛点,向客户呈现出一种令人害怕的、难以接受的社交事实。要注意的是,为了增加生动性,这个过程一定要代入一些真实的故事情节,只有真实才更容易触动客户的内心,从而促使客户将"害怕"转化为实打实的购买力。

第七章
引入产品：给出解决方案，而不只是卖产品

 有时客户需要的不是产品，而是解决方案

在销售活动中，任何一款产品或服务都具备三个功能：为客户创造价值，满足客户的需求，帮助客户解决问题。这三个功能之间彼此没有什么必然联系，产品能满足客户需求，也不一定就能为客户创造价值或解决问题。比如，有人喜欢喝酒，有人喜欢玩网络游戏，这些活动可以在一定程度上满足人们的心理需求，但却并不能创造什么价值，甚至还会带来负面影响。

所以，客户的需求并不仅仅局限于产品本身，还有背后那些未被解决的问题。尤其是现在产品同质化日益严重的情况下，想让客户在众多产品中选择你的产品，就要有能够帮助客户解决问题的方案才行。因为产品所针对的，往往是帮助客户解决什么问题；而解决方案所针对的，则是客户的问题能否被真正解决。

比如，一款护肤产品，它所能解决的是帮客户护理皮肤。但

对于客户来说,他们真正需要的,其实是自己的皮肤问题能否真正得到完美解决。简单来说,就是一款产品的性价比和使用效果是否能达到自己的期望值,这才是客户真正关心的。

理解了这一点,我们在销售过程中,就不能只向客户推荐产品本身的质量和性能,而要关注自己的产品能否解决客户的真正需求。有时候,与其担心自己的产品性能和功效不够好,倒不如换位思考一下,什么样的解决方案才是客户需要的。

通常来说,我们在为客户提供解决方案时,有以下三个方面需要注意。

1 帮客户建立对问题的基本认知

对于客户来说,他们需要先对自己的问题有充分的认识和理解,才有可能接受我们推荐的产品和解决方案。而客户认识和理解问题的渠道,就是我们对客户痛点的挖掘。我们可以利用自己的专业知识深挖客户痛点,并放大痛点,帮助客户意识到自己的问题,以及这些问题可能带来的后果。在此基础上,客户才会对我们产生信任,信任感才是实现转化和成交的基础。

2 对解决问题的方案要考虑全面

在创作文案和销售产品时,我们要先问自己的几个问题。

首先,客户提出的问题是否具有代表性?

通常来说,客户存在的问题很多,但不是每个问题都要被解决。而优先解决那些有代表性的问题,或是不解决就会给客户造成较大损失和痛苦的问题,往往能为客户带来更高的价值。

其次，导致客户出现这些问题的原因是什么？

以销售洗发产品为例，如果你想帮助客户解决头屑问题，就要先弄清楚头屑产生的原因：是本身的健康问题导致的，还是环境问题导致的，或者是洗发方法不当导致的？

不同的原因要有不同的解决方案，这样就算客户没有马上选择你的产品，也能从你这里找到适合他解决问题的方案，并且会对你的文案或产品印象深刻。下次再遇到类似问题，客户也会马上想到你的产品。

3 让客户感受到方案带来的具体改变

帮助客户建立对问题的认知和全面思考的解决方案还不够，我们还要弄清一点，就是解决方案能给客户带来哪些具体的改变，也就是能为客户创造什么样的价值。并且还要弄清，这种价值是增加了客户的收益，还是减少了损失？我们之前销售的类似产品，曾给客户带来了多大的改变？最终效果如何？

这里最重要的一点是，你要让这个价值具有可衡量性，要让客户实打实地看到或体会到明显改变。要知道，客户愿意下单，一定是他认为"购买后获得的价值大于付出的成本"。如果客户看不到或体会不到你提供的解决方案所带来的改变和价值，他们就会认定购买你的产品是不值得的。

总而言之，想成交，就必须先让客户认同你的解决方案。一旦客户对你的解决方案产生兴趣，或者认为你的解决方案可以给他带来某种改变，那么产品或服务就成了他选择你的解决方案的一种有效工具。

以解决问题为出发点，给出有效方案

很多销售人员在销售时，仍然习惯产品思维，见到客户就介绍自己的产品如何好、功能多么齐全、性价比多么高，却没有认真思考，客户需要的到底是什么。这就像一个医生走到大街上，见人就说自己手里有一款新药，疗效多好、价格多便宜，却没想到，只有当一个人觉得自己身体真有问题，去找医生询问如何治病时，你再拿出新药，说自己的药效好，对方才会相信，也愿意接受。实际上，病人不是想要药物，而是想通过药物来解决自己的问题。

销售活动同样如此。在销售时，我们要学会提供引导观念，让客户看到自己身上的问题，而且这个问题必须当下解决，否则就会造成更大的麻烦。这时，客户才会认同你的观点。而且既然你能看到他的问题，他也相信你能帮他解决问题，那么他会主动向你寻求解决方案。

因此，我们提出的解决方案一定要以解决问题为出发点，快速抓住客户的注意力，让客户能快速通过你给出的方案判断出产品对他的价值和意义，从而引导客户用情感做出购买决策，而减少用理智来做出购买决策的情况。

在这种情况下，我们给出的解决方案就需要解答下面两个问题：

1 你的产品为什么适合客户

在销售一款产品前，我们要提前做好功课，弄清自己所售产品的设计、材质、结构和性能等，并在向客户推荐时，准确地说出产品针对的客户人群，以及它为什么适合客户。

比如，你在销售一款长袖针织衫时，这样介绍这款产品："这款针织衫是专门为接近高瘦模特型身材的女生量身定制的,适合在天气由暖转凉的季节、上班或聚会时穿。"

这里就被植入了三个解决方案:

第一,这款针织衫适合高瘦模特身材的女生。如果客户刚好属于这种身材,那么这款针织衫就解决了她的刚需。但这里有个问题,除了极个别身材确实谈不上"高瘦"的,或是对自己身材缺乏信心的人之外,哪个女生不觉得自己的身材不错呢?就算是一些体形偏胖的女生,也不会认为这款衣服不适合自己,而是想尝试一下,即使不能现在穿,等瘦身后再穿也可以呀!

第二,这款针织衫适合天气由暖转凉的季节。每年换季时节前后,很多女生都会为自己购置新的衣服鞋帽,担心万一天气转凉,一时找不到适合的衣服。在这种心理影响下,客户内心的购买欲望就容易被调动起来。

第三,这款针织衫上班或聚会时都能穿。大部分女生的衣服都很多,但上班的衣服可能不适合聚会穿,聚会的衣服太休闲,也不适合上班穿,而这款针织衫就帮客户解决了这个难题。

对于以上问题,如果你提前做好功课,再以解决问题为出发点,给出客户有效的解决方案,客户就会产生一种"这个产品就像是为我量身定制一样"的心理。有了这种心理,客户下单购买的可能性也会提高。

2 客户为什么要购买你的产品

既然一款产品是为自己量身定制的,接下来问题就显而易见了:我觉得挺好,可我为什么一定要找你买呢?

这个问题不难理解，如今产品的同质化现象非常严重，价格也会有明显差异。客户即使看到一款心仪的产品，也不会马上做出购买决策。这时，你就要善于用自己的解决方案来说服客户，给客户一个"跟我买"的理由。

要达到这个目的，你要先确定两种情况：

第一，如果你是独家，只需要告诉客户一句话："这款货只有我这里有，你在其他地方买不到。"

第二，如果你不是独家，就要找到自己产品的差异化和独特性，而且是独一无二的。这是绝对碾压其他竞争对手的实力。

比如，直播平台上卖农产品的主播有很多，为什么网友都觉得董宇辉与众不同？

关键就在于，董宇辉赋予了农产品之外的差异化价值。就像在卖大米时，他没有直接介绍自己的大米品质、口感、营养价值等，而是赋予了大米一种更美好的精神情怀和人文情怀：

我想把天空大海给你，把大江大河给你，没办法，好的东西就是想分享给你。譬如朝露，譬如晚霞，譬如三月的风和六月的雨，譬如九月的天和十二月的雪。世界的美好，都想赠予你。

我没有带你看过长白山皑皑的白雪，没有带你去感受过十月田间吹过我的微风，没有带你看过沉甸甸弯下腰犹如智者一般的谷穗。我没有带你去见证过这一切，但是亲爱的，我想让你品尝这样的大米。

这样的销售文案和销售方式，很容易引发人们对自然、对世界、对美好事物的追求与向往,同时他又用唯美、饱含情感的语言激励人们为美好生活而积极拼搏、努力奋斗。这就是差异化,也是碾压其他竞争对手的绝对实力。

可见,想要让客户顺利下单,关键是让客户看到你的产品价值,以及你给出的解决方案能否解决客户遇到的问题。只有以解决问题为出发点的销售方案,才最能抓住客户的心,也最容易抓住客户的钱包。

运用 FABE 法则向客户介绍产品

在大多数情况下,客户可能只知道自己需要购买什么产品,并不了解与产品相关的专业知识。但是,作为产品的销售者,我们却不能不了解自己的产品。与传统的销售方式相比,销售人员必须运用更有效的销售方式让客户产生信任。

在销售活动中,有一个重要的成交法则——FABE 法则。它是一个典型的利益推销法,其通过对产品特征(Features)、优势(Advantages)、益处(Benefits)以及证据(Evidence)四个重要环节的展示,巧妙地解决客户在购物过程中最为关心的四个问题,从而将最符合客户要求和期望的产品充分展现出来,最终成功将其转化为客户的购买动机,促使客户下单。

1 产品特征(Features)

产品特征主要包括产品的属性、工艺、材料、成分、参数等在内的产品具体特点,以及它能满足客户的哪些基本需要。

产品特征通常都是有形的,是可以让客户看到、听到、感受到。通过介绍这些产品特征,也能让客户快速知道产品到底"是什么",解决他们"这是什么"的疑问。

比如,你要销售健身课程,那么在向客户介绍时就可以说:"这款健身课程价格低,而且只需要3个月,就能收到不错的瘦身效果。"其中,价格低、效果好,就是这个健身课程的产品特征。

2 产品优势(Advantages)

介绍完产品特征后,客户对产品就有了初步的了解和认识后,接下来你就可以强调产品的优势了,也就是回答客户"那又如何"的问题。

在此处介绍时,你可以重点介绍与同类产品相比,自己产品的优势在哪里,以及你的产品有哪些独特的地方等。简而言之,就是提炼你的产品卖点,并且你的卖点还要"人无我有,人有我优,人优我异"。

仍然以销售健身课程为例,在介绍完健身课程的产品特征后,你可以继续对客户说:"我们的健身课程有一个非常明显的优势,就是如果学员没有在规定时间内达到瘦身效果,可以要求退款。"对于想健身又担心效果不好的客户来说,"随时退款"就是一个很明显的优势。

这样的介绍,既把自己产品的卖点很精准地提炼出来,还让这些特点与其他同类产品有了明显区别,很容易吸引客户的注意力。

3 产品益处(Benefits)

产品益处就是产品或服务可以为客户提供的价值和好处,这也是客户最为关心的问题。需要注意的是，在向客户阐述产品或服务的益处、价值时，一定要站在客户的角度，围绕客户的需求和问题进行，通过强调客户从中获得的收益来激发他们的购买欲望。

仍然以销售健身课程为例，在介绍完自己产品的优势后，我们还可以这样对客户说："很多购买了我们健身课程的学员，都比之前瘦了很多，身体也不像此前那样虚弱了。"变瘦、身体更健康，这就是健身课程带给客户的实际利益。我们应该站在客户角度，把这些益处真实地展现给客户，直击客户的痛点，引起客户的共鸣，这时他们也就产生了下单购买的冲动。

4 产品证据（Evidence）

产品证据主要是为打消客户的疑虑，推动客户尽快做出购买决策，向客户展示的一些事实证据，比如产品的成分列表、鉴定报告、专业证书、产品实验、售后保障书等，也可以是其他已经购买和使用过的客户的真实评价，或者是行业对比、明星背书等，还可以通过现场演示让客户"眼见为实"。比如，购买了健身课程的学员，健身前后的身形对比图、体重对比图，或者是学员复购的购买记录等。

要注意的是，这些证据必须是真实有效的，最好具有一定的权威性，这样才能赢得客户信任，促使客户下单。

实际上，FABE成交法则就是一个循序渐进地对客户进行引导消费的过程。在这个过程中，我们要通过各个环节一步步向客户传达一个信息——我们的产品是最适合你的。如果用一套话术来总结FABE的用法的话，就是："我们的这款产品具备……特点，拥有……的优势，能够给客户带来……好处，还有……证明，加上我们公司是业内……现在我们推出一个优惠政策,所以,现在购买就是您最佳的选择。"

这样的产品介绍既有专业性和科学性,又通俗易懂。更重要的是,你和客户站在了同一条战线上,你是在帮助客户解决他的问题,为客户提供解决问题的方案,因此也很容易实现产品的销售诉求。

打破客户消费时的"低认知模式"

在大多数时候,客户选购产品时都会凭借第一印象,或者通过简单判断就选出自认为合适的产品。

比如,在购买电脑时,多数人的第一反应都是:"我要找个熟悉电脑的朋友,让他给我推荐几款。"如果没有这方面的朋友,可能就会凭借一些简单的电脑参数常识和平时接触到的大品牌电脑广告,最后选择一款自认为比较合适的电脑产品。

在这个过程中,客户既没有详细了解电脑的具体性能和参数,也不会花时间去学习这些知识,他们需求的永远是简单的购物体验。在这种情况下,大品牌产品无疑成为首选。但这种"看上去正确的选择",并不见得符合自己的真实需求。

要打破客户对大品牌的依赖,我们就要帮助客户建立起对产品的高认知模式,即让客户学会以产品的参数数据作为自己的购买依据。

小米手机在刚刚推出时,与那些早已蜚声国际的知名手机品牌相比几乎没有什么优势。但小米手机在推广时,将自己的硬件参数、性能参数等都详细列举出来,并引入"为发烧而生"的文案,意在吸引那些喜爱品牌的核心客户，也就是"发烧友"。这部分消费群体在追求更好体验的过程中，还希望能以尽可能低的成本获得尽可能高的品质，所以会追求极致的性能，这一点与小米手机的硬件参数性能好、性价比高的宣传点不谋而合。虽然小米手机的使用体验可能不及那些知名厂商的产品，但在性能参数上并没有太多劣势，甚至某些方面还占有一定优势。于是，客户便被引导到小米所营造的"高认知模式"中，即一种以参数数据为主要购买依据的模式，这也在一定程度上改变了人们以往对于手机的认知模式。

从小米手机的案例中可以看出，想要有效地向客户引入产品，就要在创作文案和销售活动中从三个方面入手，提升客户的认知模式。

1 提炼产品核心卖点

许多销售人员为了体现自己产品的优势，经常在文案和销售中列举大量的产品卖点，但他们忽视了一个重要问题，就是产品缺乏核心卖点。

不论是文案创作，还是在具体的销售活动中，都要善于从自己产品的众多特点中提炼出一个到两个核心卖点，并且不断对其强化，这样才能有效提升用户对产品的认知。

比如，一款婴儿车的文案中写道："可以装进旅行箱的婴儿车。"虽然只有短短几个字，但客户却可以从中了解到，这款婴儿车携带方便，即使带着宝宝去旅行，也会十分便利。这则文案带给客户的就是一种时尚轻盈的认知理念，在销售活动时，销售人员也可以将其作为产品卖点传递给客户，便于客户记住产品特征。

2 对产品介绍扬长避短

任何一款产品都不可能完美无缺，也不可能一无是处，这就要求我们在创作文案和销售过程中要学会扬长避短，多让客户看到产品的长处，以优势淡化劣势，吸引客户的注意力。

但这里要注意一点，在介绍产品时，要先注意产品优势是否符合客户需求，是否能打动客户。比如，客户坚持要一款空间大的汽车，而你却一再强调自己售卖的汽车内饰好、能省油；客户想要一款操作简单的仪器，你却一再强调你的产品功能有多齐全。这看起来似乎向客户展示了很多产品优点，却都不是客户真正需要的。

因此，在介绍产品前，我们要通过巧妙提问的方式认真了解客户需求。如果客户需求与产品长处一致，那我们就可以强调产品优势非常适合客户，简直就像为他量身定做的；如果客户需求与产品长处相悖，我们就要委婉地说服客户，让客户明白，我们的产品在他坚持的需求上虽然不具备很强的优势，但也能满足他的需求，并且产品在其他方面还有更多卓越表现，以此促使客户"选我"而"舍他"。

3 向客户传递全新的产品概念

如果说小米手机是利用自身优点，并借助这个优点不断扩大客户认知，最终实现了弯道超车，那么苹果手机就是将一种超越时代的认知模式赋予了客户。

人们总是对各种全新的概念有着浓厚的兴趣，对于新事物也乐于尝试和体验，而苹果公司就是抓住客户的这一心理，在智能手机还没有普及的年代,就推出了全新概念的手机,向客户传递了一种全新的产品概念,改变了人们以往对于手机的认知模式,因而销售也大获成功。

让产品与客户产生直接关联

心理学上认为,人们对于陌生的事物总会刻意保持着距离和戒备心,而对于与自己有相似性,或是熟悉的"自己人",则会更加亲切与信任,这就是"自己人"效应。同时,对于这些"自己人"说的话或提出的要求,人们也会更愿意接受和信赖。

在日常销售活动中,那些业绩非常好的销售人员也会利用这一效应,让自己成为客户的"自己人",让客户心里产生熟悉感和安全感,并使"自己人"推荐的产品与自己建立关联,继而为这种"熟悉感"和"关联性"买单。

在文案创作和销售活动中,我们也要善于营造出一种与客户之间是"自己人"的氛围,使产品与客户产生关联,让客户对产品感到熟悉和亲切,并愿意下单购买。

一般来说,我们可以从下面三个方面进行思考。

1 寻找相似性

国内最大的健身类应用程序 Keep 推出过一则广告,内容是:

哪有什么天生如此,只是我们天天坚持。

Keep 就是通过塑造一种努力向上的情景，让每一位用过它的用户都感受到相同的追求，从而将其与自身联系起来。

再比如，以前步步高点读机的文案是：

用步步高点读机，妈妈再也不用担心我的学习。

这则文案推出后，步步高点读机表达的期望便与广大家长对孩子的期望不谋而合，点读机的销量也因此大增。

在销售中，我们也可以寻找产品与客户之间的某种相似性，使产品与客户关联起来，然后再推荐客户购买，成交的可能性会更高。

2 寻找共同"敌人"

很多时候，营销人员在销售产品时，会不自觉地站在客户的对立面，认为："我的产品这么好，你怎么不购买？你这个客户真难缠！"而客户想的是："我为什么要相信这个人？万一他的产品不好呢？"这样僵持的结果，只能使交易失败。

想达成交易，营销人员就要转变观念，想办法跟客户站在同一战线上，成为客户的"自己人"，和客户寻找共同的"敌人"。

什么是共同的"敌人"呢？就是客户迫切要解决的问题。我们要做的，就是强化客户的需求和痛点，制造一个共同"敌人"，让客户意识到，我们是在帮助他解决问题，而不是在卖产品。

比如，你要向客户推销一种健身卡，就不要说这张卡多么优惠、性价比多高，而要说："那位美女一直在这里健身，你看她现在身材多好，你想不想也像她一样？"

一些有经验的销售人员还表示，在销售过程中，要多跟客户说"我们一起来解决这个问题"，这也会让客户在潜意识中把销售人员当成自己人，从而产生信任感，在"爱屋及乌"的心理影响下，对产品产生更强的认同感。

3 制造情感共鸣

要让产品与客户产生关联，除了要与客户寻找共同点、制造共同"敌人"外，还要把自己变成客户的知己。要达到这个效果，我们就要善于运用同理心，尝试站在客户的角度，去理解客户的心情，捕捉客户的情绪，帮助客户表达出内心情感，制造情感上的共鸣，让客户觉得：你真懂我，你就是我的知己。

比如，滴滴早期在推出专车服务时，也推出两篇海报文案，一篇文案是：

如果每天总拼命，至少车上静一静。全力以赴的你，今天坐好一点。

另一篇文案是：

如果生活是场戏，至少车上是演自己。全力以赴的你，今天坐好一点。

这两篇文案就进入了客户的角色，站在客户角度，帮助客户抒发了内心的情感，一下子便击中了客户痛点，与客户形成了情感上的共鸣。

在销售活动中，如果我们也能经常站在客户角度，为客户思考，客户就会觉得，你不是在推销产品，而是在帮我纾解情绪、解决困难。哪怕客户意识到你是一名销售，也会觉得你的销售是有温度的，不是冷冰冰的。这其实就相当于你为客户提供了情绪价值，让客户从情感上对你的产品产生了需求，由此也可以促进销售活动的有效进行。

用 USP 模型打造产品独特卖点

全球著名营销专家、被誉为全球最佳销售教练的杰弗里·吉特默，在《销售圣经》一书中有一段经典的话："给我一个理由，告诉我，为什么你的产品或服务再适合我不过了？在购买前，我必须先清楚它能够为我带来的好处。"

在营销活动中，"好处"就是利益，也就是客户能从购买我们的产品中所获得的利益。而客户之所以选择我们的产品或服务，不选择与其他人合作，一个根本原因就是 USP，即 Unique Selling Proposition，意为独特的销售主张。

20 世纪 50 年代，美国达比思广告公司董事长罗瑟·瑞夫斯第一次提出了 USP 的概念，并认为 USP 应满足三个条件：

第一，利益承诺，即强调产品的特殊功能、优势等，可以为客户带来哪些切实的好处。

第二，独特价值，即这个销售主张是竞争对手不具备的，或者竞争对手尚未提出，这也是我们的产品吸引客户的关键。

第三，极强的说服力和感染力，可以让客户行动起来，愿意在我们这里下单。

这三点不难理解，试想一下，如果我们的产品与竞争对手的产品没有区别，那么客户又为什么一定要选择我们呢？

任何一款产品，其所具备的多种特性都可以成为它的独特卖点，因为销售人员在向客户介绍时总会扬长避短，找出与其他产品的差异来。比如，同样是汽车，奔驰侧重舒适，宝马侧重操控，沃尔沃侧重安全性，这些都是通过强化自身优势来赢得客户的。

在产品的定位上，USP打破了传统的价格便宜、性价比高等销售方式，基于自己的产品，找出一个真实的、独特的、对客户有利的卖点。这也意味着，在销售过程中，仅凭价格低、品质高等卖点已经无法满足客户需求，解决客户的痛点问题。你想要提升销售量，就要从以前的以产品为中心转变为以客户为中心，在了解客户的真实需求后，结合自身产品特点来说服客户快速成交。

那么，我们要如何找到独特的销售卖点呢？下面的两个建议一定可以帮到你。

1 突出产品某方面的极致

要吸引客户快速成交，你就需要向客户证明一件事：你有能力用其他人想不到或做不到的方式来解决他的问题。这一点就是你的竞争优势。

比如，依云矿泉水一直主打为天然、高端水，怎样才能让客户愿意花钱购买它呢？

在销售活动中，依云宣传自己的每一滴水都来自阿尔卑斯山头的千年积雪，然后经过 15 年慢慢渗透，由天然过滤和冰川砂层的矿化而最终形成。大自然赋予的绝世脱俗的尊贵，加上成功治愈患病侯爵的传奇故事，使依云矿泉水成为了纯净、生命和高贵的象征。因此，就算是以几倍于普通瓶装水的价格来销售，也仍然有客户愿意购买，甚至将喝依云水当成是身份和地位的象征。

同样，你也可以从自己的产品中找到在某方面做到极致的卖点，使客户在需要某种产品或服务时，第一时间想到你的产品卖点，那么你的销售就成功了。

2 用精练的语言表达产品的独特之处

著名咨询管理公司麦肯锡曾做过一个调查，结果表明，人们在听到较多的内容介绍时，通常只能记住 1、2、3 点，很难记住三条以上的内容。如果放在产品卖点提炼上，就是要用精练的语言提炼卖点，快速而清晰地表达重点信息，将产品解决方案呈现给客户。

运用这种方法提炼产品卖点的例子很多，如：海澜之家的"一年逛两次海澜之家，男人的衣柜"，知乎的"有问题，上知乎"等。这些都属于从大量信息中提炼出来的关键信息，对客户进行精准传达。

需要注意的是，USP 模式虽然能让客户快速获得产品的独特卖点，但不是所有客户都会因此而快速下单。在销售活动中，我们既要运用这一模型，也要结合自己产品的品牌、产品特点、所处环境等，综合判断分析，有效说服客户达成交易。

第八章

激发欲望：创造需求缺口，点燃客户购买情绪

① 根据产品定位，直击客户痛点

销售界有这样一句"名言"："别再用19世纪的老地图，寻找21世纪的新大陆。"这就提醒我们，不管是进行文案创作，还是进行具体的销售行为，都必须不断寻找产品在客户心目中的定位。因为随着市场竞争的不断加剧、竞争对手的不断发展，以及自身产品的不断更新，产品在客户心目中的定位在不断发生着细微变化。这种变化也是影响产品销售情况的重要因素，在具体的销售文案和销售活动中必须体现出来。

明确产品定位，是创作销售文案和进行销售活动的基础与前提。找准产品定位，再根据产品定位来创作文案和进行销售活动，往往可以更准确地击中客户痛点，激发客户的消费欲望。

1 从产品定位中寻找关键点进行延伸

虽然销售文案对销售结果至关重要，但文案的篇幅有限，不可

能将产品的所有亮点都展现出来。所以,在销售活动中,既要抓住可以打动客户的重点信息与关键点,还要能将这些信息和关键点进行延伸,从而有意识地创造需求缺口,激发客户的购买欲望。

比如,厨邦酱油在营销时,就选择了一个关键点"晒",并在这个关键点上进行了延伸,打出了"晒足180天,厨邦酱油美味鲜"的口号,很快便占据了各大超市的货架。

2 用客户的语言来描述产品

在确定产品定位时,客户的定位已经很清晰了。虽然随着市场环境的变化,客户定位会逐渐发生变化,但它有一定的转化时间,不会一下子就发生转变。

如此一来,在进行销售活动时,我们就要站在当前目标客户的角度,用他们的语言来描述产品,从而提升目标客户对产品的认可度。

在创作文案和进行销售活动之前,我们也可以到相关的社群、论坛、客户端等平台进行调查,观察和了解目标客户群体的留言、回复、讨论等;还可以去参加相应的社团活动,与目标客户面对面地进行沟通交流,了解他们对产品的关注点,最终找出目标客户的痛点,再去进行具体的文案创作与销售活动。

比如,某家美食店的宣传标语是:

你们去征服世界吧,
我只想征服一个人的胃和心。

这就是站在客户的角度,用客户的语言在描述。

需要注意的一点是，在使用这个方法时，你所代表的必须是绝大多数的主要客户群体，必须找到他们的相同诉求与共同情感，才能让自己所创作的文案真正打动他们，让自己的销售活动真正深入他们的内心。

 为产品构建一个使用场景

对于营销活动来说，场景是品牌和产品进入客户生活的入口，也是品牌和产品获取心智流量的接口。一个成功的品牌，或者一款受客户欢迎的产品，在客户生活中一定代表着一个典型的场景。如果品牌或产品不能成为客户生活的一部分，即使你做再多的广告，也难以占领客户心智。

在创作文案时，要注意构建产品的使用场景，同时在具体的营销活动中，也要尽可能地为客户营造一种现场感、代入感和仪式感，让客户沉浸其中，想象自己使用产品时的状态和感受。

比如，香飘飘奶茶曾推出一款文案，内容是"小饿小困，喝点香飘飘"。这则文案就将香飘飘奶茶的使用场景从冬天，扩大到了加班、熬夜等各种令人容易"小饿小困"的场景中，从而增加了客户购买香飘飘奶茶的动机。

当然，在营销活动中构建有效的使用场景，让客户产生"身临其境"的感觉，并不是一件容易的事，你需要注意下面三点。

1 构建贴近真实生活的场景

构建贴近真实生活的场景很容易影响客户的情绪，让客户沉浸其中，从而促使其采取购买行动。

比如，在新冠疫情期间，江小白洞察到很多老友宅在家里，较长时间不能相见，等开始复工时，江小白便用一组海报描述了人们渴望相聚的真实生活场景。文案写道：

复工前一天收拾好发型，
看过镜子后放弃，还是戴帽子吧；
复工前一晚准备好衣服，
穿了一个假期睡衣的我，
在羽绒服和大衣中陷入了纠结，
上班果然不如在家躺。
总是期待下一次更好，
却又很难不在意会等多久。

这样的文案就很容易激发出客户内心的情感和情绪，并产生购买欲望。此时，客户购买的并不是你的产品或服务，而是销售过程中赋予产品的"情感"。换句话说，也就是"消费情怀"，是情感激发了客户的消费欲望。

2 将产品与特定使用场景相关联

在销售中，你也可以将产品与一些特定的使用场景关联起来，让客户一想到或进入到相关场景中，就会联想到你的产品，并想要购买你的产品进行真实体验。

比如，你销售的产品是香水，味道淡雅清新，很适合刚刚走出校园、走上社会的女生。这时，你在文案或具体的销售活动中，就可以将这款香水与职场新人关联起来，构建一个女生初入职场的场景，使特定客户一进入职场环境便会联想到这款香水，继而想要下单购买。

3 根据客户需求变化构建场景

客户的需求也是在随时变化的，想要准确洞悉客户需求，就要随时掌握客户的消费需求变化过程，从而对症下药，将产品的情景化展现发挥到极致。要做到这一点，就必须掌握客户的心理变化历程。

比如，红星二锅头的文案《没有酒，说不好故事》写道：

为了实现梦想，有时候，你得先学会放弃梦想。

待在北京的不开心，也许只是一阵子；离开北京的不开心，却是一辈子。

这篇文案的目标客户是"北漂一族"，描述了北漂人在梦想遇上现实后，逐渐从一开始的踌躇满志转变为满腹心酸的场景。此时，酒便成了人们发泄内心情绪的"良药"。

接下来，又将前面的情绪放大，以"甘不甘心"为情景要点，以离去和继续北漂的人进行对比，进一步激发客户情感，文案内容如下：

2000万人继续漂着，因为梦想还没实现；

每年15万人离开，也因为梦想还没实现。

去留没有对错，只有甘不甘心。

这一文案所构建的就是变化的场景，但核心诉求又只有一点，就是靠喝酒来宣泄情绪。

以上三种构建使用场景的方式，你可以根据实际情况在文案创作和具体的销售活动中灵活使用，让客户看完你的文案，或是听完你的产品介绍后，忍不住想要马上去消费。

制造恐惧诉求，让客户感受到危机

恐惧诉求也叫警钟效应，它是大众传播中的一种常用战术，主要指运用"敲警钟"的方法来唤起人们的危机意识和紧张心理，促使人们的态度和行为向着一定的方向发生变化，是一种常用的营销方法。

恐惧诉求一般可提供两方面的信息，一方面是通过展示一种对受众来说容易遭受的严重的威胁信息，刺激受众产生恐惧感；另一方面是通过向受众推荐保护性的措施，以帮助其达到安全状态，帮助受众解除威胁。

事实上，一个人不论多么强大，都会有敬畏心，也有让自己感到害怕的事情，或者说有感到内心焦虑和恐惧的东西。有恐惧就会有需求，客户也会想通过某些措施，如购买某种产品，消除自己的这一"痛点"，化解自己的焦虑和恐惧心理。

了解了客户的这一需求，我们在创作文案和进行销售时，就可以通过一些"危机"制造恐惧感，让客户认为不购买产品将会发生不好的事情，从而激发购买欲望。

比如，下面这个文案：

> 小葵花妈妈课堂开课啦！孩子咳嗽老不好，多半是肺热，用葵花牌小儿肺热咳喘口服液，清肺热，治疗反复咳嗽，妈妈一定要记住哦！

这则文案中就有恐惧点存在，即"孩子咳嗽老不好，多半是肺热"，这句话就将问题的负面结果呈现出来，让"咳嗽老不好"的孩子妈妈感到害怕，进而激发她们的购买行为。

要通过这种方法激发客户消费欲望，我们在操作时可以按照下面的方式进行。

1 呈现恐惧点，引导客户自行判断

当你把恐惧点呈现在客户面前时，客户会根据自己的情况来评判不购买产品所引发的后果。如果真的感受到了危机，他们的购买诉求就会被快速激发，进而选择下单购买。

但是，呈现恐惧点并不是故意制造各种夸张的危机来欺骗客户，而是比较客观地告知客户，不购买产品会可能会产生哪些负面影响，购买产品可以获得哪些利益，从而帮助客户及时发现危机、化解危机，将负面影响降到最低。

比如，王老吉经典的销售文案就是"怕上火，喝王老吉"，虽然只有短短七个字，却制造了一个明确的恐惧点"上火"。不喝王老吉，就难以抑制上火，是负面结果；喝了王老吉，可以不上火，就是正面结果。给出恐惧点后，那些不想上火或正在上火的人，可能就会联想到自己上火时的症状，进而激发购买行为。

2 展示恐惧点，为客户构建痛苦场景

恐惧诉求的落脚点往往是负面事件的严重后果，因此，在文案和销售活动中，就要善于展示可以戳中客户痛点的恐惧点，并将恐惧点与可能产生的痛苦场景联系起来。

比如，有一款钢琴的广告文案是这样写的：

学钢琴的孩子不会变坏。

这则文案所构建的痛苦场景就是"孩子变坏"，这是让家长感到非常恐惧的点。尤其想到孩子可能会变得打架、酗酒、交坏朋友等，家长的恐惧情绪就会更强，甚至越想越害怕。要避免这种情况发生，家长也会考虑给孩子买钢琴，让孩子来学琴，以防那个让自己感到恐惧的痛苦场景出现。

需要注意的是，从行为心理学角度来说，制造恐惧诉求、"敲警钟"具有双重功效。一方面，它可以强调事物的利害关系，最大限度地唤起人们的注意力，促使他们对特定的传播内容进行接触，并且其所营造的紧迫感还能促使人们迅速做出相应行动；另一方面，由于这种方法基本是通过刺激人们的恐惧心理来追求特定的效果，因而可能会给人们带来一定的心理不适，一旦把握不好分寸，容易对传播效果产生负面影响。

所以，想运用这种方式激发客户的购买欲望，一定要注意分寸。

否则，分寸把握不好，很可能会招致客户自发的防卫性反应，影响对你的产品和品牌的良好印象。

④ 设置悬念，激发客户对产品的好奇心

销售的目的是让客户购买产品，达成交易，想让客户成功下单，最重要的步骤就是刺激客户的消费欲望。在这方面通常有两种方式，一种是对产品进行显性展示，即展示产品的性能、优势、价值等信息给客户，让他们对接下来的消费行为产生兴趣。多数情况下，销售人员都是通过这种方式进行销售。另一种就是隐性展示，简单来说，就是故意隐瞒产品的相关信息，给客户设置一些悬念，以此激发客户的好奇心，吸引客户购买产品进行尝试和体验。

利用设置悬念的方式激发客户购买欲望，通常可以从以下三个方面入手。

 隐瞒"产品是什么"的信息

这种销售方式相当于故意"卖关子"，拒绝向客户透露产品属于什么类型、具体定位是什么等。这种做法通常适用于一些知名品牌产品的销售。

比如，苹果公司在iPhone4手机的发布会上，乔布斯就故作神秘地借媒体对消费者说："我们将发布一款新产品，它会改变这个行业的规则。"这句话马上引起了轰动，人们对这款产品也越发期待。

乔布斯没有直接说这款新产品是什么，又将如何改变行业规则，大家只能靠猜测。这就吊足了大众的胃口，也让即将发布的产品顺利引起了大众的关注。结果，等产品发布那天，全球知名媒体都蜂

拥而至，大批消费者更是在网络平台密切关注这款产品的发布会，最终使 iPhone4 手机在全球大卖。

在运用这种营销方法时，最重要的就是吊足客户的胃口。想达到这种效果，关键是要提升自己产品的功效，强化其所扮演的社会角色，或者是产品对社会、对行业、对客户带来的影响力。只有当客户对新产品将会带来的改变产生足够兴趣时，购买欲望才会提升。

2 隐瞒"产品有哪些功能"的信息

一款新产品的功能，往往会对客户产生更直观的吸引力。因为客户已经知道产品是什么了，接下来就会对产品的设计、外形、功能、特性、使用价值等产生猜想。尤其是市面上有同类产品时，客户对于产品的性能和使用价值就会更加期待。

在营销过程中，销售人员可以挑选产品的一些独特功能或独特价值，有意无意地传达给客户，并且要设定某种对比，比如与市面上同类产品进行对比，以此说明自己的产品更加出色。但是，不要向客户透露太多具体信息，否则客户的期待值就容易降低。等客户的好奇心被调动起来后，购买欲望才会不断增强。

3 隐瞒"做什么"的信息

这种方式就是直接用一个悬念吸引大众，但大家都不知道商家要做什么。

比如，一家公司准备在国庆期间搞一次促销活动，于是就贴出一则广告："'国庆节'，我在广场等你们，欢迎诸位参与本公司的盛大活动。"

这家公司要在国庆期间举办什么活动？是要促销什么产品吗？

这些疑问就促使大众对此次活动进行猜测，并很有可能会在国庆节这天前往广场，看看到底会有什么活动。当获得更多的流量后，产品的销售才会相对容易。

需要注意的是，不论设置什么悬念、隐藏什么信息，最终都要兑现承诺。对于此前所描述的那些产品价值，也要在产品使用过程中真实地体现出来。否则，当客户发现产品宣传时被提升到一个很高的层次，而实际使用时却根本达不到这个效果，就会对产品和品牌产生不满，这会导致品牌严重丧失客户的信任和支持。

你不是在销售产品，是在销售生活理念

如果对商品市场进行详细分析，就会发现，如今人们正生活在一个产品功能可复制的年代。任何一款产品想要脱颖而出，并打动消费者，都变得越来越困难，因为消费者的选择越来越多，所以也变得越来越挑剔，对于产品的要求也越来越高。在产品技术革新与价值更替实现某种突破之前，我们在销售时就要选择一些更加高效、更有说服力的营销方式，比如将销售产品变成为一种对生活理念的营销和推广，让客户不仅能从中获得产品功能带来的利益，还能获得一种更新、更健康的生活理念。

举个例子，现在大部分酒厂在销售自酿的果酒时，往往只停留在讲述果酒对人体的保健功效上，销售人员在向客户介绍产品时也经常这样说："每天喝上一小杯果酒，不但能疏通经络和血管，还能提升身体的免疫力，达到美容养颜的功效。"这种表达方式就显得过于形式化，客户听完后也不见得有什么感触。但如果你这样说：

"您看，现在大家每天的生活都忙忙碌碌的，经常忘了照顾自己，其实有时只需喝上一小杯果酒，就能重塑自己的生活方式，让自己获得更健康的身心。"

在这里，销售人员就完美地跳出了"果酒有哪些具体功效"的框架，将其与生活理念联系起来，强调享受果酒带来的饮食观念和健康人生。如此一来，果酒的使用价值就被提升到一个很高的层次，产品形象也更加深入人心。

好的营销不仅仅是卖掉产品，更应该是营销一种崭新的生活理念。对于销售人员来说，想要更有效地激发客户的购买欲望，就要让自己的销售方式更有质感，让自己销售的产品更有档次，摆脱单纯提供产品或使用价值的模式，将对生活理念的营销融入产品当中去。换句话说，就是要把产品的使用价值与生活理念紧密联系在一起，让客户认定：我不是在购买一件产品，而是在打造一种新的生活理念，在享受一种新的生活方式。当客户的格局提高后，购买产品的欲望自然也会提高。

那么，怎样才能成功地向客户传递出产品所具备的生活理念呢？或者说，怎样才能将产品价值提升到生活理念的层次上呢？

简单来说，就是要对产品的意义和价值进行延伸，且这种延伸要符合不同客户的需求。

比如，客户在买车时，多数销售人员都会从车的性能讲起，如讲解汽车的操控系统、底盘、变速器等，再讲汽车的售后服务、价格优势。不难看出，这样的销售方式是将重点放在汽车本身的性能和使用价值上了。如果能进一步延伸汽车使用的意义，销售效果可能更好。

其实，很多人买车都有自己的现实需求，如上班代步、外出旅游等。这类客户通常更追求车子的实用性，所以在销售时，就侧重传递这样一个信息：购买汽车就是购买交通自由和出行自由。同时还可以讲一些一家人假期出行的故事，这些故事将汽车与旅行、生活方式结合起来，重点传递出"自由生活"的理念，以此强化汽车的产品价值。

还有一些人会选择购买新能源汽车，针对这类客户，就要重点讲述"绿色出行"的理念，讲述一种健康的生活方式，故事也可以围绕环保、绿色生活等理念展开，最后再联系到具体的汽车上面，才更容易吸引客户。

总而言之，在销售过程中，要善于为客户提供一种生活理念而非产品，这本身就是为了提升客户的消费层次。只有把客户提升到一个更高层次上，面对你的产品，客户才会产生购买的冲动和欲望。当然，我们也不要忘了介绍一下产品本身的特点和性能，毕竟任何一种消费都要建立在产品最初的使用价值上。

❻ 利用配套效应，激发客户购买欲望

18世纪，法国一个名叫德尼·狄德罗的人发现了一种"愈得愈不足效应"。意思是说，人们在没有得到某种东西时，心态很平稳；一旦得到了，反而感到不满足了。

狄德罗发现的这种现象，源于他自己的一次经历。有一次，好友送给狄德罗一件名贵的睡袍，穿上睡袍后，狄德罗很开心，但当他站在镜子前自我欣赏时，发现身边的家具都太老旧了，实在配不

上自己这一身穿搭。于是，他决定换掉这些旧家具。

不久后，狄德罗就把旧家具都换成了更漂亮、更名贵的家具，他感到很满足。但过了几天，他又觉得房间的窗帘、地毯等都有些落伍了，于是又花钱将房间里的旧装饰全部换掉。

当狄德罗走进装扮一新的房间时，心情很舒畅，但很快他就陷入了沉思：原本自己只是得了一件睡袍，结果竟然因为这件睡袍，把整个房间里的东西都换了一遍。很明显，自己被一件睡袍"挟持"了。

这种现象被称为"狄德罗效应"，也叫"配套效应"，它是指人们在获得某种东西后，原有的适应系统就会发生变化。为了让内心再次恢复平衡，人们就会在拥有这件新物品之后，不断配置、增添与其相适应的物品。

配套效应主要与人们不断膨胀的内心需求有关，而对于营销活动来说，如果你能利用配套效应让客户产生更多需求，销售也会变得更容易成功。一般来说，销售中的配套效应有两种使用方法。

1 买一件，配几件

比如，一位女士原本只想买一件上衣，当她选中一件心仪的上衣并试穿时，销售人员便可以同时推荐裤子、鞋子等产品，并强调说："您这件上衣搭配这条裤子会非常好看，您可以一起试一试。"

当销售人员强调配套问题时，客户的注意力就会从原来的"只购买一件上衣"，转移到"如何找一条与上衣搭配的裤子"这个问题上，并可能会纠结：如果不买这条裤子，自己是否有其他裤子搭配这件上衣？这样一来，客户同时购买一条裤子的欲望就会被调动起来。

其实，很多销售人员在向客户推荐产品时，都容易陷入一种单一思维中，即单一地看待客户的消费需求和消费行为。在他们看来，客户原本就是来买上衣的，那只需要说服客户买一件上衣就可以了。殊不知，如果能利用好配套效应，激发客户更深层次的需求，就能让客户从买上衣联系到买裤子、鞋子、领带、腰带、围巾、包包，甚至是手表、胸针等产品。

对于任何一位客户来说，他的消费需求都不是一成不变的。不论他要购买什么，只要销售人员懂得挖掘，都能找到与客户需求的产品相配套的其他产品。只要能激发起客户的购买欲望，销售就有很大的成功可能性。

2 送一件，配几件

这种销售方式是先提供免费试用品吸引客户，然后针对免费试用品来进行配套销售。

比如，很多宠物店会打出赠送小动物的宣传文案，一些喜欢宠物的人看到后，就会去领养小动物。这时，店里的销售人员就会提议，既然有小动物了，可以为小动物买一些日用品，比如宠物笼子、宠物食品、宠物玩具等。客户觉得把小动物带回去后，肯定会用到这些东西，于是也会很痛快地购买。

之后，销售人员还会继续推销自己的宠物清洗装扮服务、疫苗注射业务，甚至还有宠物培训课程和帮带服务。到最后，客户会因为自己免费领取的一只小动物而购买了一大堆宠物用品和服务。

不过，不论你想用哪种配套方式销售产品，都不要太急于求成，而是循序渐进地引导客户，逐步说服对方接受你的"建议"，让客户逐步建立起每种产品之间的联系，这样才更容易成功。

第九章
构建信任：凸显产品的价值感与高级感

 嫁接权威，换个角度展现产品优势

大卫·奥格威曾说："消费者不是低能儿，她们是你的妻子和女儿。如果你以为一句简单的口号和几个枯燥的形容词就能诱使她们买东西，那你就太低估她们的智慧了。她们需要你提供全部的信息。"

在销售活动中，如果不能让客户对你产生信任，即使你把产品宣传得再好，客户也不会下单。这时，你不妨换个角度，将权威的力量嫁接到自己的文案或产品上，为客户提供一些具有权威性的证据，以此证明自己产品品质和优势，提升客户对产品的信任度。

大多数人都比较认可国家机构、科研机构、医疗机构等，如果你的产品或服务能与这类组织关联起来，或者能与它们的标志、形象等产生关联和链接，就会更容易获得客户的强烈信任。这其实是一种心理暗示，在人们心里，如果某些事物能获得自己尊敬或认同的个人、组织、机构的认可，那么人们的大脑也会立刻觉得这些产品或服务是可信的。

因此，在展现展品优势时，我们不妨将产品或服务与一些具有权威性的个人、组织、机构等关联起来，通过嫁接这些权威提升产品的信誉度，让客户感受到产品或服务的价值感与高级感。

1 嫁接权威人士

相较于普通人，客户往往更愿意相信专家、学者，或是其他权威人士的意见。基于这一前提，在销售中，我们就可以借助一些具有权威性的人士，如知名专家、企业家、著名学者、明星等，使其与自己的产品或服务建立关联，以此来提升客户对产品文案及产品的认可度。

比如，一家销售男装的网店在销售时，就会提到自己的某款衣服为"××（明星）同款卫衣"，并宣称"拥有这款卫衣，让你离偶像更近一点"。

这样嫁接明星的权威，就能在一定程度上增加产品优势，让客户产生信任感，还能通过粉丝经济引流，促成交易，可谓是一箭双雕。

2 嫁接权威媒体

一些正规的媒体，如电视台、知名杂志、权威网络平台等，都具有较强的权威性。如果你的产品能获得这些媒体的认可，也比较容易获得客户的认可。

比如，琼台酒业就曾携手权威媒体CCTV央视，在CCTV-12、CCTV-17及包括多个地方卫视在内的地方媒体上亮相，这就会让客户对品牌和产品产生认可和信任。

3 嫁接权威认证

权威认证也是提升销售可信度的有效方式。一般来说，产品的权威认证包括权威证书认证和权威机构认证，但不论是创作销售文案，还是在具体的销售活动中，采用的证书认证和机构认证都必须具备一定的名气，尤其是那些人们耳熟能详的权威证书与机构，更容易获得客户的认可。如果产品的权威证书和认证机构是客户不太熟悉或没听说过的，你就需要为该认证增加一个具体描述，让客户了解到这份认证的权威性和含金量。

要注意的是，在借助权威机构认证来增加客户信任度时，你的产品认证一定要以客观事实为出发点，不要夸大其词，更不要"蹭热点"，否则客户一旦发现，对你的信任度就会跌入谷底，甚至让你的产品再无翻身之日。

减少文字赘述，用真实人物和数据为产品"代言"

在文案创作与销售活动中，用真实人物、真实事件来为产品或服务做宣传，往往比单纯的文字更容易走进客户的内心。这样可以让客户直观地感受到你的产品或服务是真实有效的，不是胡乱地赋予价值而"吹捧"出来的。

比如，杜蕾斯就曾采访过100位婚姻失败的人士，并将访谈内容进行了整理，打造成为自己的销售文案，其中的离婚原因都是一些鸡毛蒜皮的小事，但这部分内容却是客户真实生活的写照。文案中还给出了100条忠告，几乎都没有涉及产品，似乎只是在向客户分享过来人的婚姻经验与感悟，其实在涉及维护夫妻关系时，与产品都有着微妙的关系。这种关联就让客户更容易被说服，也容易对产品产生信任，从而下单购买。

真人真事往往就是与生活贴近的各种小事，它一般没有华丽的文字，也没有精妙的修辞，但一定要是人们真实生活的写照，这样才容易与客户建立起信任的桥梁

成功学大师戴尔·卡耐基曾说："我们都不想听人说教，没有谁会喜欢这样。请记住，一定要让我们感到愉快和有趣，不然，你说什么我们都不会注意。同时也请记住，世上最有趣的事情之一，莫过于精练雅致、妙语生辉的名人轶事。所以，请告诉我们你所认识的两个人的故事，告诉我们为何其中一个会成功，而另一个却失败了，我们会很高兴去听。同时请记住，我们或者还会因为此例而获益匪浅。"

在这段话中，卡耐基就谈到了一个事实：多数人都对别人的事情，尤其是名人的事情感兴趣。如果你能将这些真实的人物与事件和自己的产品或服务联系在一起，也会比较容易获得客户的喜爱与支持。

所以，在销售过程中，我们就可以利用这些真实人物为自己的产品"代言"，用真人真事来取得客户的信任。

1 讲述与产品有关的真人真事

在销售过程中，你可以直接向客户讲述一些跟产品有关联的真人真事。比如，褚橙的营销策略就跟创始人褚时健紧密关联。

褚时健是一个传奇人物，曾经是云南玉溪红塔集团董事长，家喻户晓的烟草大王，后来因为一些经济问题锒铛入狱。褚时健出狱之后，年逾古稀的他东山再起，创造了"褚橙"这一现象级的品牌。

橙子并不是稀罕物，本来不太好卖，传统的销售方式不一定奏效。但因为创始人有真实的故事经历，这个品牌就容易获得读者信任。客户被褚时健的励志故事所感动，也愿意相信他创建的品牌是好的品牌，品牌下的产品也是好的产品。

2 用老客户证言打造"金口碑"

口碑是影响客户购买的重要因素。试想一下，你在网上购买产品时，是不是也会去看一下其他消费者对产品的评价？如果评价不错，你下单就会比较痛快，否则就会犹豫。这是大部分人网购的流程，也是商家逐步与客户建立信任的关键环节。

在销售活动中，我们也可以把曾经购买过产品的客户对产品的评价融入其中，让这些老客户帮助你把产品的口碑呈现在还没有消费的客户眼前，证明产品宣传的可信度，让客户更加信赖产品，从而下单购买。

3 整理销售数据，为产品提供信任证据

对于客户来说，最容易产生信任的，就是产品的销售数据，这可以让客户了解到有许多人购买产品。在从众心理的影响下，客户也会产生"有这么多人购买，这款产品肯定好"的想法。

比如，香飘飘奶茶的文案"一年卖出十亿杯，杯子连起来能环绕地球三圈"，就是运用销售数据来宣传产品，以提升客户对产品

的信任度。

虽然这样的销售文案看起来平淡无奇,但用销量直接证明自己的产品受市场欢迎和认可,比那些辞藻华丽的文案更能得到客户的认可和信任。

 明星同款,你也可以拥有

如果你经常上网浏览各类新闻,就会发现,现在的明星经常占据娱乐新闻的头版头条,明星的一举一动也会受到粉丝的关注。而当明星代言某款产品,或者自己使用了某款产品后,客户就会觉得这款很高级,很值得拥有。有些客户甚至觉得,只要自己和明星使用同款产品,就如同化身明星一样,整个人的气质都会变得不一样,因而也愿意掏钱买单。

2020年,在《乘风破浪的姐姐》这档综艺节目火起来后,网友们开始关注节目中的女团成员。

有一天,其中一位知名歌手在B站上传了一段个人表演。在表演中,她向大家介绍了一款自己使用的、设计简约的白色速干吹风机。这位知名歌手还称它是"航天团队打造的八级风吹风机",但它的机身长度仅为9.5厘米,轻巧便携,不管是出差还是旅行,带着它一点也不累赘。很快,这款吹风机被粉丝们"种草"了。

这款吹风机就是小米的米家负离子速干吹风机H300。当天晚上,小米集团董事长兼CEO雷军就在抖音为这款吹风机带货,产品很快就被卖光了。

类似这样的例子不胜枚举,一旦粉丝发现自己喜欢的偶像或明星使用了某种产品,立刻就会产生购买欲望,这就是名人、明星效应带来的影响力。

如果我们到一些购物网站搜索一下xx明星同款的信息,就会发现一些明星同款的服装、鞋子、饰品等,销量都非常高。这一方面源于名人、明星身边总是簇拥着大批粉丝,他们把名人、明星的审美标准当成自己的审美标杆;另一方面,即使是普通客户,他也会想:明星那么有钱,如果这款产品不好,他们怎么会买、会用呢?那肯定是值得购买的!

在这种心理驱动下,他们自然会把购买、使用名人或明星同款产品作为自己的购物标准。在销售活动中,善于利用明星光环效应的加持,将自己的产品与明星关联起来,往往既能吸引粉丝的关注,还能提升产品的权威性和可信度。

但是,在销售明星同款时,我们也要考虑以下三方面的明星特征。

1 明星的人气

明星具有超高的人气,才能带来流量。想要通过将产品打造成"xx同款"来吸引客流量,在选择明星时就要对其人气进行评估,尤其是以当下爆款电影、电视剧或综艺节目主角所使用的产品或所穿的衣服、所使用的物品等来进行打造,往往会引起客户的特别注意,实现产品和客户的超高转化。

2 明星的人品

现在"翻车"的明星越来越多,如果要选择某位明星作为自己产品"明星同款"的宣传者,就一定要先对明星的人品进行考察,选择那些具有正能量、没有不良嗜好的明星，并且该明星给公众的印象也必须是三观正、人品好、事业心强、历史清白等，这样的明星才能受到客户的喜欢，明星同款也会让客户觉得真正值得拥有。

3 明星的颜值

明星的颜值也很重要，颜值高的明星不可避免地会受到粉丝的喜欢和社会的关注。因此，在选择明星同款时，也要把明星的颜值作为一项衡量标准，尤其是销售明星同款的衣服、饰品等，更好通过明星的高颜值来展现产品特色和优势，促成产品的特色转化。

要注意的是，在销售产品时，切不可在文案中提到"xx明星同款"的语言，而实际销售的却不是明星同款产品。要知道，粉丝对自己偶像的一举一动几乎都了如指掌，是否真为明星同款，并不由你的文案说了算，粉丝们一眼就能识别出来。如果你卖的的确是明星同款，那么这款产品可以为你吸引更多流量，否则，则很可能会让你的品牌和产品在业内留下不好的口碑。

 小品牌讲初心，大品牌讲背书

在销售活动中，小品牌和大品牌的销售侧重点是不一样的。为小品牌创作文案，以及对小品牌产品进行销售的过程中，要多讲自己的初心，比如自己当初为什么要创立这个品牌，以及这个品牌在创立和发展过程中都经历了什么，遇到了哪些困难，都是如何克服的，在这个过程中获得了哪些收获，最终发现，创立这个品牌才是唯一的答案。

这就相当于带领客户经历了一遍品牌创立的过程。通过这种方式,也可以让客户对品牌的诞生过程更加了解,从而与品牌产生共鸣,并对品牌产品的品质产生信任感。

相反,对于大品牌而言,因为已经功成名就、声名远播了,宣传时就要多讲自己的品牌背书。一般来说,品牌背书包括与该品牌相关的头部客户案例、专家论证、销售数据、明星代言、获奖证书、专家推荐、品牌故事等。作为社会角色的品牌来说,要给客户安全感,就需要通过借助品牌背书来证明自己的可信度。而一切为品牌建立信任感的信息组合,都是品牌背书。在创作文案和介绍产品时,可以通过品牌背书来提升产品的品牌高度,让客户对品牌和产品建立信任感,为成交做好铺垫。

比如,新东方旗下的"东方甄选"这个品牌,之所以能在激烈的电商竞争中脱颖而出,与它出色的品牌背书是分不开的。一直以来,"新东方"这个品牌都很深入人心,即使在2020年教培行业没落,新东方不得不宣布退出教培市场后,俞敏洪也没有直接卷铺盖卷走人,而是积极为学员退费,还将新东方的一批8万多套的崭新的桌椅捐赠给山区小学。这一举动,为俞敏洪和新东方赢得了掌声。因此,在重新创立"东方甄选"这个品牌时,因为有"新东方"这个品牌的背书,人们对"东方甄选"接纳度也很高,对其所推荐的产品也很支持。

但是,即使是大品牌,想利用品牌背书提升客户对产品的信任度,也要遵循下面三个原则。

1 品牌背书要与产品信息相关联

每种产品都有自己的特点,品牌背书首先要证明你的产品是值得信赖的。比如，蒙牛、伊利的牛奶和奶制品就是以来自内蒙古大草原为品牌背书。这一点也说明，牛奶行业中最重要的背书就是产品产地，产地安全，客户才更容易认同产品的安全性。

其次，对于同一品类的产品，品牌背书还要与产品定位相关联。因为品牌背书的目的是让客户相信你的产品，而产品所传达给客户最核心的信息就是品牌定位。品牌定位有两个关键点：一是目标客户群的定义，二是目标客户群的价值传达。品牌背书可以传达出一款产品品牌的核心价值，从而为品牌定位寻找论据支撑。换句话说，就是为了让目标客户群相信你的产品品牌所传达出来的核心价值。

2 品牌背书要有权威性

想让你的产品在客户心目中树立起强而有力的信任感，品牌背书就必须要有权威性。尤其是在借助第三方来证明自己时，第三方必须具备权威性，否则背书的价值就难以得到体现。

比如，在2020年12月，《人民日报》海外版的第十版内容中有一则"国货突围记"，其中就提到了小米的产品，并且表示，小米产品"价格不高，性能不俗"，这是消费者对小米品牌的整体印象。

这一点评就成为小米最有权威性的品牌背书，无疑可以提升小米产品在消费者心目中的地位。

3 品牌背书要能够引发客户共鸣

品牌背书的目的是提升客户对品牌和产品的信任度，因此也必须能够打动客户，引发客户共鸣，这不但能提升产品的品牌高度，还能让客户产生好感。

比如，随着人们物质生活的提高，对于食品类产品中传递出来健康、绿色、环保等信息越来越重视。在这种情况下，如果你销售的是食品类产品，在品牌背书中强调健康、绿色等信息就容易引起客户共鸣，获得客户的认可。并且产品的品牌力越强，品牌给客户带来的产品信任背书就越强，也更容易让客户放心购买。

 将自己定位为分享者，而非销售者

面对市面上各种各样的产品文案和销售人员，客户的想法往往是：这些文案和销售员肯定都偏向于为自己家的产品做宣传，抬高自家产品的优势，甚至不惜抹黑竞争对手。正因为如此，客户对于各种产品文案都是抱着半信半疑的态度，对销售人员也怀有一定的防备心理。这种质疑与防备往往成为销售活动的重要阻力。

想要消除这种阻力，不论是创作销售文案，还是直接进行销售活动，都必须设法让客户意识到自己并没有刻意修饰和伪装，从而尽可能地消除客户的顾虑。同时，销售人员也不要急于变成产品的提供者，而是先扮演好产品的分享者，以此换取客户的信任。

所谓分享者的角色，其实就是向客户提供和解读各种消费信息的角色。在这个过程中，销售人员可以以一种尽可能中立的态度来分享自己所了解的相关信息。让客户认可产品，并不在分享者的职责范围之内。总体来说，分享者角色更像是一个消费活动中的指导者和辅助者。

那么，销售人员要如何担任好自己的分享者角色呢？

1 与客户分享知识

销售活动中的知识分享，一般包括产品购买、产品选择和产品使用的一些基本原则。比如，告诉客户如何分辨产品的真假、好坏，如何正确地使用相关产品，以及如何有效地保养产品等。通常情况下，作为销售人员，你可以以专业人士的姿态进行分析，重点向客户传达产品的一些特点、优势等，为客户提供一些操作方法，成为客户的购物指南。

2 与客户分享产品

在进行知识分享的基础上，可以再与用户分享产品。在这个过程中，你可以先分享一下市面上的一些同类产品，以及不同产品之间的特点，再针对不同的产品功能和价值需求，向客户推荐相应的产品。

需要注意的是，此时千万不要跟客户说自己的产品如何如何好，甚至直接说比其他同类产品更好，而应该尽量让客户觉得你只是在客观地描述和展示产品。所以，更有效的做法是将自己的产品与竞争对手的产品都介绍一遍，然后将选择权交给客户。

比如，在销售化妆类产品时，你可以这样分享："我们的产品偏向于美白养护，他们的产品可能更倾向于补水保湿，只能说对皮肤的功能不一样，具体要看您的需求。"

这样的分享，往往可以让客户觉得你很客观，对你也会产生好感和信任，并且这种好感和信任也会延伸到你的产品上面。

3 与客户分享经验

经验分享的范围比较广，一般包括分享自己的经验和分享别人的经验。在分享自己的经验时，你只需要说出自己使用产品后的感受和效果，或者是挑选和购买的心得。比如，你可以对客户说："这款产品我自己也在用,我觉得效果不错。当然,具体也要看个人体验。如果您感兴趣的话,我可以提供一些帮助。"或者说:"过去三个月里,很多人来店里点名购买这款产品,目前来看,这款产品是我们店里卖得最火爆的。"

如果是分享别人的经验,就要注意侧重描述他人的心理活动,强调他们使用产品后的变化以及对产品的看法。比如可以这样说:"我问过几个客户,他们在使用这款产品时感觉不错,还带了朋友过来买。"

通过以上几种分享方式,即使没有直接进行销售行为,客户也比较容易对销售人员产生信任。他们会觉得,销售人员并非只关注自己的产品能不能卖出去,而是一个热心的人,是一个懂得站在消费者立场、为消费者考虑的人。这样的人往往是很容易赢得别人信任的,与此同时,他们推荐的产品也容易让客户产生购买的欲望。

 主动提及售后,打消客户顾虑

俗话说:"害人之心不可有,防人之心不可无。"客户消费也是如此。很多时候,客户即使看到了你的产品文案,也听了你的产品介绍,但仍然没有下决心购买。

为什么会这样?

原因就是,客户对产品仍然没有建立足够的信任,担心万一自己买回来的产品与期望中不一样怎么办?使用几天不顺手怎么办?在途中坏了怎么办?……

这些都是客户在下单前所顾虑的问题,也是阻碍客户信任销售文案与销售人员的"拦路虎"。想让客户对产品建立信任，打消消费顾虑，我们就要在销售活动中主动提及售后问题，让客户在消费过程中没有后顾之忧。

1 主动提及售后服务

在创作销售文案时，我们可以将一些客户担忧问题的化解方法直接放在文案末尾。在客户看到文案的正文内容时，会与产品建立初步的信任。看到文案最后，客户发现售后方法后，就会进一步化解忧虑，夯实对产品的信任根基。

比如，现在很多产品销售文案的末尾都会有这样的内容：

正品保障，假一赔十，7天内无理由退换，有运费险。

短短一句文案，就能解决产品问题与附加服务问题，承诺产品遇假必赔与退货包邮等问题，打消了客户最后一丝顾虑。

2 主动提及买贵退款

有些客户还会担心一个问题，就是怕自己万一买贵了，买回家没几天，产品降价了，这不就亏了吗？

面对这种情况，我们可以直接在销售活动中表明现在的价格已经很低，客户几乎不会有损失，这就可以打消价格敏感型客户的顾虑。

还有些销售活动会在文案中设置一些令客户感到忧虑的问题，然后再给出解决方案，这在加深信任的同时，还进一步引导客户消费。

比如，现在有的网站上有一些5元店、10元店等，上面会有这

样的销售文案:

能花 5 元钱买到，凭什么要付 10 元钱？
"双 11"，全店商品 5 折起！买贵退款！

文案一开始给出一个设问，让客户产生疑问："万一我买贵了怎么办？"随后又化解了忧虑——全店 5 折起，买贵了还退款，所以也就不存在买贵的情况了，由此进一步"刷高"客户的信任度。

在销售中，直接将这些内容告知客户，客户了解得越多，就越容易对你的产品建立信任感。

3 一旦客户不满意，先解决情绪，再解决问题

有的销售人员可能会问："如果问题或责任不在我们，而在客户一方，该怎么处理呢？"

当问题或责任不明晰，或者责任明确在客户一方，而客户情绪又非常激动时，我们可以适当采取"休克疗法"，即先给客户一些缓冲时间，让客户冷静下来，再帮客户逐渐认识到自身存在的问题，然后通过协商，寻找一个让双方都能接受的解决方案。

要注意的是，任何时候都不要与客户发生正面冲突，否则，输的一定是企业和销售人员。即使我们在冲突中占了上风，也会彻底失去这个客户，这就违背了销售和服务的初衷。

第十章
临门一脚：引导客户"秒拍秒付"

 降低决策成本，促使客户快速成交

"这个月工资还没发，算了，先不买了，等打折再买吧。"

"这个APP上的东西好便宜，但又要注册，又要扫码，太麻烦了，不买了。"

"这款包包很好看，但好像跟我的身份不太搭，背这么贵的包，别人会不会以为我买的假货？"

……

"算了，不买了。"

客户在最后下单时犹豫不决，之后再成交的可能性就会微乎其微，这就是因为客户的决策成本过高。

一般来说，让客户在消费时犹豫不决的因素都属于决策成本。我们可以将影响客户下单的决策成本分为六大类，分别为行动成本、金钱成本、形象成本、健康成本、学习成本和比较成本。不论是创作文案，还是在具体的销售活动中，想引导客户快速下单，都必须学会辨别客户下单时所付出的决策成本是什么,并在文案或销售中加以补偿,打消客户顾虑,让他们下定决心成交。

针对以上六类决策成本,在销售活动中,我们要判断清楚影响客户的主要决策成本是什么,然后对症下药,在客户犹豫不决时"临门一脚",促使客户马上下单。

1 行动成本

有的客户在购买产品时,发现要获得优惠的过程太麻烦,行动成本过高,于是放弃购买。针对这种情况,我们就要帮助客户简化消费和获得优惠的过程。

比如,要在一些节日里推出优惠活动,就可以在销售文案中直接写"××节当日,下单立减50元",不需要客户朋友圈转发,也不需要客户花费大量的时间和精力扫码、注册等,而是下单时直接优惠。这就可以大大省去客户的行动成本。

2 金钱成本

产品价格太高,客户会觉得金钱成本过高,难以下决心购买。要降低金钱成本,你就要想办法让客户感觉你的产品很值,购买你的产品就相当于捡到了宝贝。

比如,一家服装店推出这样的销售文案:

A套餐:T恤+裤子=488元

B套餐:T恤+裤子+帽子+丝巾+口罩=499元

文案中并没有直接写出折扣，而是设置了两个不同组合的套餐让客户自己挑选。很显然，客户会认定 B 套餐比 A 套餐更划算，有了这种价格对比，客户也更容易下单。

3 形象成本

一些客户担心自己购买了某种产品会影响自己的形象，比如蛋糕虽然美味，但会让人发胖；促销活动虽然很诱人，但去疯抢会影响自己的形象。

要降低形象成本，你就要让客户知道，购买你的产品并不会影响他的形象。比如，你可以在销售文案中写道："商场大促销，扫描下方二维码，即可网上下单，产品送回家。"这就可以让比较顾及形象的客户打消顾虑，轻松下单。

4 健康成本

也有一些客户担心使用某款产品会影响自己的健康，因而不敢购买。要降低这种决策成本很简单，你只需要告诉客户，你的产品不会对他的健康造成伤害，或者使用你的产品还能避免某种健康问题。

比如，一款蛋白粉的销售文案就写道："助力好体质，助力好状态，增强免疫力。"这就在一定程度上帮助客户消除了对使用产品影响健康的担忧，从而吸引客户下单。

5 学习成本

如果客户觉得学习某项技能很难，担心学不会太浪费，那么他就不愿意为这个课程花钱。针对这种情况，你要让客户明白，他不需要付出很多成本就能学会某项技能,即使学不会自己也没什么损失。

比如,一些培训机构在销售自己的课程时,往往会用"学不会全额退费"等作为宣传文案,让客户打消学不会浪费的顾虑。

6 比较成本

客户在选购某款产品时,往往会货比三家,举棋不定,很难下决心,甚至最后放弃购买。要降低比较成本,你可以直接阐明自己产品的最大优势或独特卖点,并说明这一优势和卖点是其他同类产品无法比拟的。

比如,在销售一款洗衣机时,你就可以在促销文案中写道:"××洗衣机,原价2399,现价1699,全网最低价。活动时间截至12月31日。"这就直接告诉客户,你的价格是最低的,且有限定时间,让客户尽快下决心选购。

激发补偿心理,让客户买得心安理得

心理学上有个名词,叫"补偿心理",是心理防御机制的一种,通常指个体因本身生理或心理上的缺陷导致目的不能达成时,改以其他方式来补充这些缺陷,以减轻焦虑,建立自尊心的一种心理。

在销售活动中,我们也可以利用这种补偿心理机制,让客户为了补偿自己,花钱时不感觉心疼。简而言之,就是让客户将"获得补偿"视为自己非消费不可的正当理由,从而快速做出消费的决定。

比如,三全水饺就曾经在一则文案中写道:"吃得好点,很有必要。"虽然短短八个字,但很多人看到后,马上就被"打"到了。尤其是忙碌了一天后,饥肠辘辘地拥挤在地铁上时,看到这样一句实在的话语,都禁不住感叹:确实应该对自己好一点。

从古至今,"吃"对于我们中国人来讲都是头等大事。无论是开心之时,还是低落之际,"吃点好的"都会经常成为人们挂在嘴边的口头禅。而"吃点好的,很有必要"的文案,也正好说出了一个被世人公认的真理。客户看到这句话后,想到自己每天那么辛苦,为了补偿自己一下,"吃点好的",确实"很有必要",于是也会比较轻松地做出购买决定。

再比如,电影院也会运用"补偿心理"成交法,在周星驰的《西游降魔篇》上映之际,利用宣传文案"每个人都欠周星驰一张电影票",引导观众到电影院买票支持周星驰的电影。

那么,我们怎样在销售过程中成功激发起客户的补偿心理呢?

补偿心理分为两种,一个是补偿自己的心理,另一个则是补偿别人的心理,如父母、孩子、伴侣等。具体来说,可以按下面的"三步走"进行:

1 帮助客户找理由

熬夜加班、工作"996"、不在父母身边、没时间陪家人等,这些都是可以激发客户补偿心理的理由。

比如,一些艾灸养生的商家发现很多年轻人没时间陪父母,于是推出了"父母养生套餐包",并配上相关的文案:

世间的健康,请记得给爸爸妈妈一份。

爸妈在一天天变老，越来越忙碌的我们就算不能经常陪伴他们，也要给他们送上健康。

这样的话语很容易激起客户内心的愧疚感，很多人也因此而选择购买一份寄给父母。

2 将理由与产品关联起来

当你为客户找好理由后，接着就要把这个理由与自己的产品关联起来。

这个做艾灸养生的商家把客户"没有时间陪伴父母"这个理由与自己的产品联系起来，推出"父母养生套餐包"，客户想把这份礼物送给父母作为补偿，于是下单购买。

3 将产品更好地呈现出来

找到了理由，也做好了关联，还要以恰当的方式呈现给目标客户。在做呈现的时候，一般要注意场景的选择。比如，滴滴在推出自己的专车服务时，就把宣传海报贴在写字楼楼道里、电梯间、公交站等场所，因为这些场所更容易被上班族看到，获客的可能性也更高。

运用以上方法，我们就能让客户在消费时感觉到我们的产品可以为他带来补偿，从而享受消费的快乐与满足，下单购买也便水到渠成了。

 偷换"心理账户"，让客户秒付款

心理账户理论是由诺贝尔经济学奖得主理查德·塞勒提出的，

他认为，在人们的脑海中，除了钱包这种实际账户外，还存在着另一种心理账户。人们会把现实中客观等价的支出或收益，在心理上划分到不同的账户当中。

比如，很多人习惯将自己的工资划归到靠辛苦劳动日积月累积攒的"勤劳致富"账户中，将年终奖这种额外的奖励放在"奖励"账户中，将买彩票中奖的钱放在"意外所得"账户中。绝大多数人都会受到心理账户的影响，继而以不同的态度对待等额的钱财，并由此做出不同的决策行为。

基于这种心态，在销售过程中，我们也可以利用心理账户理论，找到客户最愿意花钱的理由，让客户心甘情愿地下单。

具体来说，我们可以按照下面的方法来操作。

1 改变心理账户

如果客户感觉某款产品价格高、卖得贵，迟迟不肯付钱，说明这款产品不在客户最愿意花钱的心理账户中。这时，我们就可以改变一下客户的思维，将购买产品所需的消费换到客户愿意花钱的账户中。

比如，珠宝的价格一般都比较高，客户在购买时也容易犹豫，这时，如果你把珠宝放在"一生一世的爱情纪念"账户中，让客户意识到，珠宝之所以昂贵，是因为有纪念爱情的意义。这样一来，珠宝就被变换到客户的情感账户中了，当客户认为自己的情感是无价的，那么珠宝多贵重，在客户心里都是合理的。

通常来说，客户在情感账户的影响下，也是最容易被激发起消费欲望，并痛快下单购买的。销售人员要学会把握机会，在各种节假日、纪念日等重要的日子，帮助客户将消费决策从生活账户转移到情感账户或节日账户中，促使客户快速下单。

2 改变计算方式

当你的产品价格较高，客户因为价格"望而却步"时，你可以尝试拆解产品，让客户觉得，你的产品等同于其他几种产品的功能之和。如果客户分别购买其他几种产品，所花的总价钱比购买你的产品还要多。

比如，iPhone 第一代手机发布时，乔布斯就这样介绍这款手机的："iPhone=1 个大屏 iPod+1 个手机 +1 个上网浏览器。"客户听完后，心里开始默默计算几种产品的价格，结果发现，几种产品价格加起来后，就是比 iPhone 手机的价格高。相比之下，iPhone 手机的价格好像也不高嘛！

乔布斯所运用的营销方法，就是改变了产品的计算方式，让客户内心很轻松地便接受了产品的价格。

3 用附加值驱动客户

如果仔细观察，你会发现，在产品价格相差不大的情况下，很多客户会选择在一些较大、较正规的商家购买，哪怕他们的价格相对高一些。究其原因，是因为这类商家的售后服务更好，东西坏了不用自己跑去找厂商、找售后，直接联系商家，就能为客户提供更好的解决方案。

这就是附加值的力量。有了附加值，客户在购买时，就会改变产品在自己心中的价格认知。尤其对于那些更加重视服务的客户来说，虽然价格贵了一点，但他们能拥有更好的消费体验。

对于客户来说，更好的服务、更快的响应速度、更高效的售后服务、更多的增值服务，都是产品的附加价值。这些附加价值也会改变客户对产品价格的认知，即使价格贵一些，客户也会觉得你贵得有道理。

 设置价格锚点，使客户感觉捡了便宜

一家商店打出这样的价格标签："卫衣300元，帽子60元。"很多人看到后，都觉得这个价格有点儿贵，他们并不打算花费300元买一件卫衣，或者花60元买一顶帽子。

为了把卫衣卖出去，商家改了一下价格标签，推出了一个特别套餐"卫衣＋帽子=300元"。在这个套餐中，帽子几乎是以赠送方式存在的，或者说它就是引导客户购买产品的一个诱饵。客户经过对比后，发现帽子几乎就是赠送品，于是就会觉得这样的套餐很划算。

这种现象在心理学上称为锚定效应。简单来说，就是商家设置一个价格锚点，这个锚点就是产品价格的对比标杆，相当于一个基准线，它会直接影响客户对于产品价值的判断。比如，客户看到一款产品，在第一眼看到它的价格时，就会对自己购买这一产品的出价意愿产生长期影响，这就是"锚点"。如，一款产品原价1000元，现价500元，其中的1000元就是一个锚定价格，它提升了客户对这款产品的价值感知：嗯，这个产品不错，值1000元。如果没有这个锚定，只写现价500元，客户就会觉得这个产品比较廉价，根本感受不到打折的惊喜。

对于营销人员来说，不论是创作文案，还是在具体的销售活动中,都要善于运用价格锚点这个工具,让客户觉得你的产品物超所值,从而痛快下单。在设置价格锚点时,要明白如果客户对产品价格不确定,一般会通过以下两个原则选择商品。

1 避免极端,奉行"中庸之道"

假如有三款产品:

第一款产品功能有限,价格最低;

第二款产品功能齐备,价格中等;

第三款产品功能最多,价格最高。

现在让客户从中选择一款,相信大部分人都会选择第二款,这就是客户奉行的"中庸之道"。

在销售活动中,我们也可以利用这一点来设置最高与最低价格的参考锚点,让客户在选购时有"参照点",心里会自动过滤掉极端的选项,这样在购买时也会觉得更踏实,下单也更痛快。

2 落差越大,下单越快

有人曾做过这样一组实验:将受试者分成两组,然后准备一盒没有任何信息的消炎药,再向两组受试者提出不同的问题。

对第一组提出的问题是:"你认为买这盒消炎药需要多少钱?"结果显示,这组的平均估价为60元。

对第二组提出的问题是:"你认为这盒消炎药是高于600元,还是低于600元,并给出自己的估价。"结果显示,这组受试者几乎都认为这盒药不可能达到600元,但平均估价却达到了210元。

之所以出现这样的估价差距,就是因为第一组没有设置参考价格,完全靠受试者自己的经验来估测的;而第二组设置了"600元"

这个价格锚点，即使他们觉得不合理，也会认为它的价格应该比较高，所以估价也很高。

利用这一点，我们在销售时就可以直接设置价格锚点，给出参考价格，促使客户快速下单。

比如，一款洗发水的销售文案是这样写的：

很多人，脸上涂着上百、上千甚至上万元的护肤品，却用着几十元的工业洗发水，让人心疼。××洗发水，原产自×国，只需158元。

这则文案没有直接说自己的产品多么好、价格多么优惠，而是设置了上百、上千、上万元这个价格锚点，用这个价位的护肤品与廉价洗发水形成对比，并且价格相差越大，客户的心理落差就越大，也会产生强烈地想要购买优质洗发水的想法。这时再提出自己所售卖的洗发水的价格，与化妆品价格再次形成对比，体现出价格的优势。有了这样的对比，客户也更容易下单。

有时候，即使产品没有设置锚定价格，客户无法判断价格时，也会寻找一些自认为差不多的产品去作对比，比如同类产品中热销的产品价格趋势，或者不同类产品的关联对比等，让自己有个大致的价格标准。这也提醒我们，产品的价格是"相对存在"的，产品到底值多少钱，定价是否符合客户的内心需求，都需要有个可供参考的标准。客户选择购买哪款产品，并不是真的在为产品的成本付费，而是为产品的价值感付费。

营造攀比效应，刺激客户好胜心

生活中处处都充满了攀比，在消费领域，攀比心理更为常见。很多消费者的欲望都来自于攀比，比如看到别人用最新款的手机，自己也果断买回来用。真的是因为新款手机更好吗？可能很多人并不清楚最新款的手机到底好在哪里，只是看到别人买，自己也不能落后，这就是攀比心理引发的消费欲望。

攀比心理虽然有很多负面作用，比如会使人们克制不住自己的消费欲望，但对于商家来说，却可以善加利用，以此来刺激客户的消费欲望，让原本消费需求不强烈的客户快速下单。

具体来说，我们可以通过下面的方法来营造攀比效应，刺激客户消费。

1 设计相关的攀比对象

如果想让客户产生攀比心理，首先要设计一个攀比对象出来，并且这个攀比对象必须是与客户相关的。

曾经有一个保健酒品牌在电视上播放过一则广告，内容是一位老人拿着一瓶酒对另一位老人说："这是我女儿买的，要喝，让你儿子买去！"

这句话就激发起无数中老年观众的虚荣心，看到别人家孩子给父母买东西，自己也会忍不住对孩子说："你看看人家孩子，给他爸爸买的那种酒很好。"

当你设计出一个"别人家"的参照对象，别人家的一切都会成为与客户相关联的参照物，客户的攀比心理也会被激发出来，于是也会想立刻下单购买，不让自己被别人比下去。

2 打造身份标配

想让客户快点下单,你还需要赋予客户一个身份,只要客户认可这个身份,自然就认可你的产品。比如,很多成功人士的标配是名车、名表、高尔夫球等,正因为这些物品都与成功有关,所以一些人认为,自己也要拥有这些东西,以彰显自己的成功者身份。

芝华士威士忌曾推出这样一则文案:

假如你还需要看瓶子,那你显然不在恰当的社交圈里活动。
假如你还需要品尝它的味道,那你就没有经验去鉴赏它。
假如你还需要知道它的价格,翻过这一页吧,年轻人。

简短的三句文案,不仅把芝华士威士忌塑造成为成功人士的标配,赞扬了老客户的独具慧眼,还顺带调侃了一些不经常消费芝华士的客户,刺激了他们的攀比欲望。

可见,学会抬高客户的身份,就可以激发他们的好胜心,客户也愿意去满足这种因好胜心而产生的攀比欲望。

3 设计排名机制

众所周知,只要是有"排名"的地方,就一定会有比较,因为排名机制会迅速激发起攀比心理,让人无意识地就想去攀比,胜过别人。

比如,一些游戏当中的排位赛,几乎每个玩家都想当"王者"。为了成为"王者",玩家也会不停买装备、升级,试图超越其他玩家。还有一些电商平台会帮客户出具年度账单,你会发现,那些在朋友圈晒账单的人，往往也是花费很多的人，这也是攀比心理的表现。

总之，消费者总是想通过各种努力，让自己站到更高的位置上，而那些巧妙利用受众攀比心理的文案和销售方式，也是激发客户购买欲望的最佳方法。善于运用这一效应，刺激客户的好胜心，也能促使客户快速下单。

制造稀缺性，向客户传递"只有一次机会"的信息

稀缺性是产品的属性之一，越稀缺的东西，人们就越渴望得到，也越会拼命追求。在销售活动中，如果你能巧妙地利用产品的稀缺性，让客户知道他们不在特定时间内购买，也许就会面临断货、涨价的风险，也可以有效地提升客户的购买热情。

比如，在一个直播间中，一位头部主播售卖一款洗发水时，就很善于制造产品的稀缺性。她在介绍产品时说："这款洗发水的去屑功能超强，我们拿到的是今年的新款，有效成分比老款增加了2倍多。它的原价是199元，但是，只有今天，只有在我们的直播间内，它的价格是69元，并且还是买一瓶送一瓶！除此之外，再加送6件旅行洗护套装。大家记住，今年再也不会有这个价格了！"

销售开始几秒钟后，她又说："是马上就没有了吗？嗯，卖完也不会再补货了，能抢到就抢到，抢不到就没办法了！"

在这个过程中，主播先说明这款产品的诸多好处，再放出利益点，开启稀缺模式。有些销售人员还会在一款产品卖空后，不停地跟身边的工作人员沟通："真的不能再加吗？可以再跟厂家沟通一下吗？"紧接着再进行补货。这种方式就会给客户营造一种紧张刺

激的抢购氛围。这也是饥饿营销方式的一种，通过"物以稀为贵"来唤醒客户追求稀缺的消费心理。

利用稀缺效应来激发客户的购买欲望，调动起客户"你买我也要买，否则我就买不到了"的从众效应，我们可以通过以下三种方法进行。

1 限时：过期不候，制造紧迫感

限时是塑造产品稀缺性的有效方式之一，并且屡试不爽。

比如，某牛排店推出一款免费牛排，并配有一则书信式的营销文案：

亲爱的牛排爱好者：
我期待为您提供一份免费牛排。
如果您想获得免费牛排，只需周一、周二或周三晚上带一位宾客来吃晚饭。此活动截止日期为×月×日。
您可能也知道，我们家牛排是本市口味最棒的。事实上，自1962年以来，我们一直在××市提供全国最好的牛排。
……
我不确定我们何时、是否会再举行类似活动。所以，现在就来餐厅享受这一美味时刻吧。

这封信篇幅较长，将客户想知道的内容几乎都表述出来了，但更重要的是，它设置了时间限制，这就为客户制造了时间的紧迫感，让客户迫不及待地想去餐厅点餐消费。

2 限量：售完为止，制造购买危机

限量就是限制产品销售的数量，以此吸引客户的同时，还促使有需要的客户尽快购买。比如，小米的饥饿营销、一些高定产品的限量版等，都属于通过限量的方式来制造紧迫感，让客户意识到产品的稀缺性，从而快速购买。

3 限次数：活动仅此一次

我们经常会看到一些商家搞活动，活动多了，就容易产生一种"反正商家经常搞活动，这次买不到，下次也能买"的想法。想要消除客户的这种"等下次活动"的想法，就需要向客户时刻传递"活动仅此一次"的信息。

比如，在销售过程中，你可以告诉客户："我们这款产品的原材料十分有限，一次只能生产这么多。如果这次买不到，以后就再也买不到这么好的产品了。"或者："我们这款产品的生产工艺难度非常大，这批货只有这么多，下次就不知道什么时候再有了，这次错过，您一定会后悔！"

这种营销方式就是在强调活动的次数有限，因为产品数量有限，有需要就赶紧抢购，这也能让那些犹豫不决的客户产生从众或攀比心理，促使他们尽快下决心购买，提升销售转化率。